Anonymous

Kaiser und Papst

Anonymous

Kaiser und Papst

ISBN/EAN: 9783744612357

Hergestellt in Europa, USA, Kanada, Australien, Japan

Cover: Foto ©ninafisch / pixelio.de

Weitere Bücher finden Sie auf **www.hansebooks.com**

Kaiser und Papst

vom

Verfasser der Rundschauen.

„Ich hoffe es noch zu erleben, daß das Narrenschiff der Zeit an dem Felsen der christlichen Kirche scheitert." So sprach am 15. November 1849 in einer Rede gegen die Civilehe in der Preußischen Zweiten Kammer Herr von Bismarck, der jetzige Reichskanzler.

Vierte Auflage.

Berlin.
Verlag von G. van Muyden.
16. Georgenstraße.
1872.

Kaiser und Papst.

Vom

Verfasser der Rundschauen.

Wüster Religionsstreit ist entbrannt im ganzen weiten Deutschen Reiche von Ost-Preußen bis Tirol und von den französischen und belgischen Grenzen bis Posen. Voll von leidenschaftlicher kirchlicher Polemik ist der Reichstag, der Preußische Landtag und die Deutsche Tagespresse. Die Reichs- und die Preußische Regierung nimmt Parthei in diesem Streite.

Die Römische Kirche in Deutschland concentrirt sich in der geschärften Einheit ihres Regiments. Ihre Glieder verkünden ihre neubefestigte innere Harmonie und ihren in immer weiteren Kreisen neugeweckten Glaubens- und Liebeseifer. Sie erinnern sich mit Freude und Dank eines ähnlichen Aufschwungs vor dreißig Jahren. Es war 1837 versucht worden durch des Evangelischen Königs von Preußen Macht Katholischen Bräuten Evangelischer Männer den Katholischen Ehesegen zu verschaffen. Ein Mittel zu diesem Zwecke war die Festungshaft der Erzbischöfe von Köln und Posen. Die Gerechtigkeit und Weisheit König Friedrich Wilhelm des Vierten machte diesem Versuche bald ein Ende. Seitdem, von 1841 bis 1871, war Friede und Freundschaft zwischen Preußen und der Römischen Kirche.

Neben dieser heutigen Römisch-Katholischen Erhebung zersplittern sich die Deutschen Protestanten immer schroffer in feindliche Partheien. Zahlreiche Geistliche und angesehene Evangelische Laien unterwühlen eifrig die Fundamente der Evangelischen Kirchen, ihre Bekenntnisse und das Ansehen der heiligen Schrift.

Mitten in diesem Lehrwirrsal steht in Preußen eine „Neuge=
staltung" der Verfassung der Evangelischen Landes=Kirche in
Aussicht. Ihr seit mehr als dreihundert Jahren bestehendes
obrigkeitliches Kirchen=Regiment ist tief angezweifelt in weiten
Kreisen und als haltbare Institution beinah aufgegeben —
wenigstens im Prinzip nicht mehr vertheidigt — von den Behör=
den, die berufen sind es zu handhaben. Keine andere „Neu=
gestaltung" steht bevor als eine von unten, aus Wahlen glaubens=
loser und zuchtloser Massen.

Unter den politischen Partheien sind jetzt, nach Zersprengung
der Conservativen, die Nationalliberalen die Hauptstütze der
Reichs= und Preußischen Regierung. Aber eben diese National=
liberalen verletzen ihr Nationalitäts=Prinzip, indem sie um
der Religion willen die Nation spalten durch Aufruf von vier
und zwanzig Millionen Deutscher Reichsunterthanen gegen vierzehn
Millionen und könnte man den Grad des Religionseifers auf
der einen und auf der andern Seite auf Ziffern reduciren, und
dann summiren, so würde die Katholische Ziffer der Evangelischen
wohl mindestens gleich, vielleicht sogar größer sein.

Der Liberalismus suchte bisher mit Vorliebe die Fun=
damente des Rechts und der Freiheit in neuerdachten Verfassungs=
urkunden mit neuerdachten Grundrechten, gestellt unter gerichtlichen
Schutz. Jetzt dagegen schieben die Nationalliberalen auch diesen
ihren Liberalismus bei Seite. Sie machen kurzen Prozeß mit
der Reichsverfassungs=Urkunde und mit den Preußischen Grund=
rechten. Die Reichsverfassungs=Urkunde schließt Religionssachen
aus von der Reichscompetenz. Die Preußischen Grundrechte
fordern Religionsfreiheit, persönliche Freiheit und gerichtlichen
Rechtsschutz gegen Polizeiwillkühr. Die Nationalliberalen aber
votiren Reichsbann gegen Orden und Priester, — unter ihnen
Deutsche, die nichts verlangen als das gemeine Recht des Reichs, —
Reichsbann, willkührlich vollstreckbar durch die Polizei mit Aus=
schluß jedes gerichtlichen Rechtsschutzes. Gegen solche Willkühr

lehnt sich das Gewissen Laskers auf, eines Juden und nationalliberalen Führers, wider die große Mehrheit seiner Partheigenossen.

Der Reichskanzler erneuert sogar das Andenken an die Tage von Canossa, in denen ein machtloser Kaiser, tief versunken in Sünde und Schande, sich demüthigen mußte unter einen der gewaltigsten Päpste auf der Höhe seiner Macht. Fast ganz Deutschland stand damals, 1077, unter den Waffen wider den Kaiser und für den Papst.*) „Sein Sie ohne Sorge!" ruft der Reichskanzler am 14. Mai 1872 dem Reichstage zu (— es stand ein Etatsposten von 15,000 Thalern für die Gesandtschaft beim Papste in Berathung —) „nach Canossa gehen wir nicht!" (Lebhaftes Bravo.) Wie hat eine solche Versicherung bei solcher Gelegenheit und ein solches Bravo für motivirt geachtet werden können? Was hat mit Canossa der Evangelische siegreiche Kaiser Wilhelm zu schaffen an der Spitze der gewaltigen treuen Kriegsmacht des Deutschen Reichs und gegenüber einem achtzigjährigen Papste, dem revolutionäre Gewalt sein Land geraubt hat und dessen keine Macht — auch keine Katholische — weder kleine noch große — sich annimmt? „Sorge" verbittet der Reichskanzler, — aber Nothstand, Nothwehr soll das Banngesetz rechtfertigen. Stimmt das mit der Majestät des Reiches und mit der Ehre der Deutschen Nation?

Das Reich, hervorgegangen aus glänzenden Siegen und in tiefem Frieden bis in das Frühjahr 1871, — wie ist es im Laufe Eines Jahres in diese unerhörten Zustände gerathen, in „Sorge," in „Nothstand," in „Nothwehr"? Jahrhunderte muß man zurückgehn in die Deutsche Geschichte um etwas ähnliches zu finden. Vor einem Jahre durfte der Verfasser dieser Schrift

---

*) Siehe „Eichhorn, deutsche Staats- und Rechtsgeschichte", zweite Auflage, 1818, Theil II., Seite 58 bis 66, und die daselbst aus den Quellen mitgetheilten Zeugnisse.

folgendes öffentlich aussprechen,*) ohne Widerspruch so viel ihm bekannt ist:

„Es ist ein schöner Ruhm für uns Evangelische, daß nirgend in Europa freier die Römische Kirche sich entfaltet in unsern Tagen als in England und in Preußen, — auch in keinem Katholischen Lande, — wie dies verständige Katholiken auch gern und dankbar anerkennen. Im Ganzen gerecht und wohlwollend regiert fühlen und wissen sich die Preußischen Katholiken."

Im Einklange damit hat, nach glaubhaften Berichten, der Evangelische Deutsche Kaiser, ein halbes Jahr nach dem Vaticanum, bald nach Annahme der Kaiserwürde in Versailles auf eine ihm überreichte Katholische Rheinisch-Westphälische Malteser-Adresse unter andern erwidert: „er sehe in der Occupation Roms einen Gewalt-Akt und eine Anmaaßung Italiens, und er werde nach Beendigung des Krieges in Gemeinschaft mit andern Fürsten Schritte dagegen in Betracht ziehn." Von Seiten keines andern — namentlich keines Katholischen — Fürsten sind so wohlwollende Aeußerungen der Katholischen Kirche gegenüber bekannt geworden. „Immer und immer wieder bis vor Kurzem" — so bezeugte am 24. Juni 1872 der Papst selbst nach öffentlichen Nachrichten — „hätten ihm die Deutschen Bischöfe, Priester und hervorragende Laien ausgesprochen wie sie zufrieden seien mit dem Wohlwollen (del modo cordiale), mit dem sie von der Regierung behandelt würden, und mit der Freiheit, welche der Kirche gegönnt (conservata) werde, — und die Regierung selbst habe sich ganz zufrieden (di tutto satisfatto) mit den Katholiken erklärt."

Jene wahrhaft kaiserliche — weil gerechte und huldvolle — Zusage an die Malteser stimmt trefflich überein mit den auch sonst ausgesprochenen Gesinnungen Seiner Majestät, — namentlich mit dem scharfen Tadel der ungerechten Beraubung des

---

*) „Das neue Deutsche Reich", 1871, Zweite Auflage, Berlin bei Stilke und van Muyden, pag. 54.

Papstes und der Italienischen Fürsten, den die Preußische Regierung 1861 in Turin dem Grafen Cavour gegenüber officiel hat aussprechen lassen*), — und ebenso mit den Worten der Preußischen Thronrede im Landtage von 1867: „Das Bestreben Meiner Regierung wird dahin gerichtet sein, den Ansprüchen Meiner Katholischen Unterthanen auf Meine Fürsorge für die Unabhängigkeit des Oberhauptes ihrer Kirche gerecht zu werden." So sprach Seine Majestät bevor Victor Emanuel nach der Schlacht bei Sedan Rom annectirt hatte. Jetzt, wo der Papst auf den Vatikan beschränkt ist, treten die „Ansprüche der Katholischen Unterthanen" Preußens, und nun auch des Reichs, auf die Fürsorge des Kaisers und Königs für die Unabhängigkeit des Papstes in ein um so viel helleres Licht, — Ansprüche, welche Seine Majestät so feierlich anerkannt hat.

Bald nach jenem huldreichen Kaiserworte in Versailles trat im April 1871 der erste Deutsche Reichstag zusammen. Es bildete sich in ihm die Fraction des Centrums, characteristischer genannt: des schwarzen Centrums. Sie besteht größtentheils aus Katholiken. Aber ihr Programm erwähnt weder die Katholische Religion noch die Katholische Kirche. Nur Schutz des Rechts bezeichnet das Programm als ihre Tendenz. Es sind mehrere Evangelische in die Fraction eingetreten, — eine Thatsache, die darum nicht minder ins Gewicht fällt, weil diese Evangelischen ihren Schmerz nicht verleugnen über die gewaltsame Vertreibung ihres angestammten Königshauses und die verlorne Selbstständigkeit ihres engern Vaterlandes. Die gute Berechtigung ihres Schmerzes ist von unserm Könige seit 1866 mehrfach anerkannt worden, wie dies nicht anders zu erwarten war von dem erhabenen Enkel und Regierungsnachfolger so vieler legitimer Könige und Fürsten. Vielfach haben Glieder der Fraction den Wunsch ausgesprochen, daß noch mehr Protestanten eintreten möchten.

---

*) Siehe die oben citirte Schrift: Das neue Deutsche Reich", pag. 23.

Dem Reichskanzler indeß mißfiel diese Fraction. Er habe sie, sagte er am 30. Januar 1872 im Preußischen Landtage, im Lichte einer „**Mobilmachung gegen den Staat**" betrachtet. Eine Mobilmachung war sie allerdings. Bei jeder allgemeinen Wahl und bei jeder Parlaments-Eröffnung machen die Partheien mobil; dieß erfordert ihre Partheipflicht. Aber — wurde von Seiten der Fraction dem Reichskanzler erwidert — mobil nicht gegen den Staat, sondern defensiv-mobil gegen die liberalen Partheien, die 1869 den Klostersturm eingeleitet hatten und deren Haß gegen die Katholische Kirche notorisch ist. Es sind dies dieselben Partheien, die 1862 bis 1866 den Reichskanzler so scharf bekämpften, daß nicht allein die Armee-Reorganisation, sondern auch der Thron auf dem Spiele stand. Gegen solche Partheien Kirche und Reich vertheidigen — das war und ist ein gutes patriotisches Werk der schwarzen Fraction.

Die Preußische Mobilmachung im Mai 1866, nach der Allianz mit Italien, wurde damals auch für eine defensive Mobilmachung erklärt.

Alle Glieder dieser Fraction — so darf man wohl annehmen — sind einig im Widerstande gegen das Streben den dreieinigen Gott hinauszudrängen aus der Ehe, aus der Schule, aus den Staaten des Reichs und aus dem Reiche selbst als solchem. Die Fraction glaubt und weiß, daß Gottes heiliges Wort es ist und Seine Kirche, die allen Institutionen des Reichs Geist, Leben und Heil erst mittheilt, und daß die Reiche dieser Welt, wenn sie gottlos werden, dem Fleische und der Verwesung verfallen.

Für so hohe Ziele ist der feste Zusammenschluß selbstständiger Charactere der rechte Weg, — Zusammenschluß zuvörderst und hauptsächlich auf dem Felsengrunde des gemeinsamen christlichen Glaubens, und dann, was die Einzelnen betrifft, auf der Basis ihrer Confession. Der confessionelle Unterschied modificirt diese Gemeinschaft, aber er zertrennt sie nicht. Denn der eigentliche und wesentliche Hauptkampf unsrer Tage ist nicht der Kampf der Confessionen wider einander, sondern der Kampf der gesammten christlichen Kirche wider Gottlosigkeit und Umsturz. Daß dem so ist, das ist, wenn jammervoll von der einen Seite, doch auch von der andern Seite ein eigenthümlicher Segen, der dieser unsrer Zeit zu Theil wird. Gemeinsam bekennen, gemeinsam leiden und gemeinsam siegen — das sind köstliche Einigungsbande. Zu solchem Kampfe können Katholiken und Evangelische nicht nur, sondern auch Lutheraner, Anglicaner und Jesuiten sich die Hände reichen, und sie werden sich so verbrüdern, wenn die Krisis so wie jetzt mit Riesenschritten vorwärts schreitet — ähnlich wie in dem Sieges- und Friedensjahr 1814 nach überstandner gemeinsamer Verwirrung und gemeinsamer Noth die drei erhabenen Sieger — der Evangelische, der Griechische und der Katholische — gemeinsam niederknieten vor dem Dreieinigen bei Vertüs in der Champagne, nachdem sie den Bonaparte gestraft und den Papst nach Rom zurückgeführt hatten.

Frieden kann nur werden und bleiben im Reiche, wenn die großen Glieder der Einen christlichen Kirche, — ihre Confessionen, — den Schutz und die Pflege ihrer Rechte im Reiche finden, den die Grundgesetze der gesammten Christenheit, die Verfassungen und Gesetze des Reichs und ihr wohlerworbener Besitzstand ihnen zusichern.

Das Centrum thut also ein gutes patriotisches Werk, wenn es für die Kirche einsteht.

Die festeste denkbare Grundlage für das neue Deutsche Reich ist die inhaltreiche Glaubenseinheit, welche durch Gottes Gnade stattfindet zwischen den Katholiken und Evangelischen als solchen im Bekenntniß der großen Grundthatsachen und Grundwahrheiten des Christenthums. Dieses Bekenntniß spricht die gesammte Christenheit täglich aus an ihren Altären in dem gemeinsamen Apostolischen Symbol seit nun mehr als anderthalb Jahrtausenden. Mit diesem gemeinsamen Bekenntnisse praktisch-gemeinsamen Ernst zu machen, das ist vor allem zeitgemäß, — gegenüber denjenigen Massen der Getauften, die jetzt in Deutschland dieses Bekenntniß so breist und in so weiten Kreisen verleugnen, wie wohl nie zuvor seit tausend Jahren.

Dieser praktisch-gemeinsame Ernst ist auch der Weg die Spaltungen der Einen Kirche Gottes zu heilen. Friedlicher Streit über die Differenzen ist wohl vereinbar mit dem brüderlichen Festhalten der großen Einheit. Ja! dieses Einheitsbewußtsein ist die Bedingung des Erfolgs des Streits; dieser ist nur fruchtbar auf der Basis der Einheit. Wird der Streit geführt als von Söhnen Einer Mutter, so ist er ein gutes Salz für den großen Leib der Kirche.

Die hohen Zwecke des neuen Deutschen Reiches werden nicht gefährdet weder durch die Einheit und Macht der Kirche, noch durch solchen brüderlichen Streit. Das Deutsche Reich ist ein Glied des Königreiches Gottes, welches der Sohn Gottes gestiftet und offenbart hat und welches alle Reiche dieser Welt umfaßt. Das Königreich Gottes ist zwar nicht von dieser Welt, aber eben weil von oben, desto realer von dieser Welt, wie der heilige Augustinus so mächtig lehrt. Dieses Wort: Königreich Gottes, — keine bloße Idee, sondern die wirklichste Wirklichkeit — durchtönt das gesammte Alte und Neue Testament, das alte weissagend, das neue als nun „nahe herbeigekommen", als Erfüllung, — viel voller, übermannender, als der Begriff: Kirche oder Gemeine, ecclesia, der das Christenvolk bezeichnet, welches gesammelt ist durch Taufe und Glauben in das Königreich Gottes und organisirt als Glieder des Leibes an dem göttlichen Haupte.

Nicht von dem himmlischen Königreiche und nicht von der Kirche, als dem Volke dieses Königreichs, sind die Reiche dieser Welt bedroht. Was Majestät ist von Gottes Gnaden, was Unterthanentreue um des Gewissens willen, was Pietät gegenüber der Obrigkeit, — Dienst und Gehorsam der den Dienenden hebt und adelt, — selbst Unrecht leiden gern und um Gottes willen, —

alles dies lehrt die Kirche Gottes und baut und befestigt damit die Obrigkeiten und die Throne.

Aber auch die wahre Freiheit hat ihr mächtigstes Prinzip in der Gotteswahrheit, die der Kirche anvertraut ist. Deo servire libertas, Gott dienen ist Freiheit, sagt Augustinus. Von der ärgsten Form der Tyrannei, von der Staatsomnipotenz, hat das Blut der Märtyrer die Menschheit befreit. Nur das in Gott gebundene Gewissen kann wahre Freiheit gründen. Weil der Mensch Gottes Ebenbild ist, wie Gottes Wort lehrt, hat er Recht und Macht frei zu sein. „So euch der Sohn Gottes frei macht so seid ihr recht frei", sagt der Mund der Wahrheit.

Sondern von unten ist das Deutsche Reich bedroht und zugleich die Kirche, aus der wüsten Menge und von denen die auf die wüste Menge sich stützen. Die Kopfzahl ist das Gegentheil der Nation. Die Nation besteht nur in ihrer Gliederung, eben so wie die Familie, die Corporation und die Kirche. Zerstöre die Gliederung, so hast du die Familie, die Corporation, die Kirche und die Nation zerstört.

Einmüthig ist aber die Fraction des Centrums auch, wie man aus ihrer bisherigen Haltung schließen darf, in der Aufrechthaltung der bestehenden Reichsverfassung. Sie will nicht, daß das reichgegliederte Deutschland verwandelt werde in einen kahlen Einheitsstaat, der bald unbedingt anheimfallen würde einer Regierung durch Kopfzahlmehrheiten nach nationalliberalen Tendenzen und nach der constitutionellen Schablone mit ihrem nichtregierenden Kaiser oder Könige, — nach derselben Schablone, die in allen großen Staaten des Continents, wo sie probirt worden, fallirt hat. Diese Wege durchirrt Frankreich seit nun über achtzig Jahren aus liberalem Constitutionalismus in anarchische Republik und aus dieser in usurpatorischen Absolutismus, um dann, wie jetzt vor Augen ist, hoffnungslos von vorn anzufangen. So ist die Französische Nation, die so reich, so mächtig und so begabt war, in ihre jetzige jämmerliche Erniedrigung gerathen.

Auf den großen Gegensatz des Rechts gegen die Revolution kommt es an bei dem Widerstande gegen den Einheitsstaat, nicht aber wesentlich auf die bloßen kleinen Interessen kleiner Fürsten und kleiner Länder im Unterschiede von den großen Interessen des Reichs. Eben den Reichsinteressen selbst widerstreitet das Drängen nach dem abstracten Einheitsstaat.

Oft hat nach den Annexionen von 1866 unser König verheißen, die „berechtigten Eigenthümlichkeiten" zu schützen. Es ist dies recht eigentlich sein **kaiserlicher** Beruf, und zugleich das tiefste Bedürfniß nicht bloß der Einzelstaaten, sondern noch **mehr** des gesammten Reichs. Denn diese Eigenthümlichkeiten wurzeln tief in der Geschichte und im Character der Deutschen Nation.

Aber unter allen Deutschen Particularismen ist für das Reich der unentbehrlichste der **Preußische Particularismus**. Denn er hängt innig zusammen mit dem Preußischen Königthum und der Preußischen Armee, welche als Kern der übrigen Deutschen Armeen durch ihre Siege das neue Deutsche Reich erst geschaffen hat. Ertrinkt die Preußische Armee und das Preußische Königsthum in der Kopfzahl, dann neigt auch das neue Deutsche Reich seinem Ende entgegen. Die Gefahr dieses Ertrinkens pocht schon hörbar an die Thüre des Reichstages.

Ohne solche Eigenthümlichkeiten ist Deutschland nicht mehr Deutschland und das Reich nicht mehr Deutsch, sondern Bonapartisch.

Einheit ist etwas andres als Einerleiheit. Die Mannichfaltigkeit kann, wenn das einigende Prinzip mächtig ist, eine starke Einheit erst recht begründen. Dagegen kann die Einerleiheit sehr bröcklich sein. In der Englischen Staatsverfassung ist sehr viel Mannichfaltigkeit. Ihre Bestandtheile, verschiedenartig unter einander und in scharfen Gegensätzen bunt und characteristisch ausgeprägt, wurzeln in den reichen Eigenthümlichkeiten einer mehr als tausendjährigen Geschichte. **Darum ist diese Verfassung so fest.** Ein Französischer Staatsmann, der auf die lange Reihe der seit 1789 neu verfertigten und wieder beseitigten französischen

Staatsverfassungen zurückblickte, sagte neulich: „Die Englische Verfassung kann nicht abgeschafft werden, weil sie nirgend geschrieben steht." Eher würde die Englische Nation selber untergehn.

Großbritannien besteht aus zwei ursprünglichen Königreichen, England und Schottland. Die Krone aber ist seit dritthalb Jahrhunderten nur Eine, und seit anderthalb Jahrhunderten ist auch das Parlament nur Eines. Allein Schottland hat seine berechtigten Eigenthümlichkeiten in Kirche und Staat aufrecht gehalten in weitem Umfange und ist in deren ruhigem Besitze bis heute zu beiderseitiger Zufriedenheit und ohne Schwächung der Reichs-Einheit.

Irland dagegen hat als erobertes Land seit dem Mittelalter, so weit es Englisch wurde, eine Gesetzgebung sich müssen gefallen lassen, welche eine fast durchgängige Einerleiheit mit England in Kirche und Staat zu erzwingen strebte, — zuletzt, zu Anfang dieses Jahrhunderts, gelang auch die Einheit des Parlaments, während die Irische Römisch-Katholische Kirche von dem Protestantischen England theils verfolgt, theils, wie jetzt noch, ignorirt wurde. Und dies so unificirte Irland ist bis heute ein Dorn im Fleische Englands.

Wenn also in diesem Sinne die Schwarzen, ihrem Fractions-Programme treu, und unbeirrt durch locale und confessionelle Gegensätze, für jedes gute Recht eintreten (— — es ist eine schwere, eine heilige Pflicht, die sie damit übernommen haben — —), so werden sie den hohen Namen: Centrum des Reichstags nicht mit Unrecht führen.

Der Verfasser dieser Schrift kennt aus persönlichem Umgange eine Zahl von einflußreichen Katholischen Gliedern der schwarzen Fraction und Parthei, zum Theil aus vieljährigem vertrautem Umgange. Er hat in diesem Umgange gefunden, daß viele von ihnen dieselben oder verwandte Anschauungen haben wie diejenigen sind, welche er selbst mehrfach öffentlich ausgesprochen hat über die auswärtige Politik Preußens, so weit sie seit 1866 sich bethätigt hat in der Allianz mit dem auf Raub mit Hülfe Garibaldi's gegründeten Königreich Italien gegen Oestreich, in der Bekriegung und Ausschließung Oestreichs aus Deutschland, in dem gewaltsamen Umsturze des Deutschen Bundes, in der Gründung Deutschlands auf Kopfzahlwahlen mit geheimen Zetteln — und in den Annexionen. So fand der Verfasser auch verwandte Anschauungen bei ihnen über Preußens und des Reichs innere Politik und Gesetzgebung seit 1866, so weit sie unter dem undeutschen und unchristlichen Einflusse der Nationalliberalen auflösend und zersetzend sich vollzieht und so weit sie — gleichgültig wie Pilatus fragend: „Was ist Wahrheit?" — Ehe, Schule und Staat ohne Gott zu bauen versucht.

Aber reichsfeindliche oder preußenfeindliche Gesinnungen sind ihm in der Centrums=Fraction nicht entgegen getreten, und eben so wenig gehässige Gesinnungen gegen die Evangelische Kirche.

Derjenige Gegensatz freilich, der seit drei Jahrhunderten die abendländische Kirche trennt, kann selbstverständlich durch eine Reichstagsfraction nicht gehoben, und von ihr auch in ihrem Innern nicht ignorirt werden. Aber die Fraction verschließt sich nicht der Thatsache, daß dieser Gegensatz in Deutschland gemildert ist durch mehr als zwei Jahrhunderte friedlichen Zusammenlebens. Hoffentlich wird er noch gründlicher gemildert werden eben durch den heutigen gemeinsamen heiligen Kampf wider die gemeinsamen Feinde des gemeinsamen Wortes und Reiches Gottes. Hätte der Verfasser feindliche oder gehässige Gesinnungen wahrgenommen als Character der Fraction, — feindlich gegen das Reich, oder gegen Preußen, oder gegen die Evangelische Kirche, — so würde sein Gewissen ihn zurückgehalten haben von jeder vertrauten Verbindung mit der Fraction und er würde auch jetzt noch diese Verbindung sofort abbrechen, wenn er als Tendenz der Fraction Beschönigung Katholischer Ungerechtigkeit gegen Evangelische oder gegen deren Kirchen wahrnähme. Er hat Gelegenheit gesucht und gefunden, den Fractionsberathungen des Centrums beizuwohnen, zuerst im April 1871, als noch confessioneller Friede war, und dann im Januar 1872, als der politische und confessionelle Hader und die Feindschaft des Unglaubens in helle Flammen eben auszubrechen anfing. Der ganze Ton und Geist dieser Berathungen machte ihm den Eindruck, daß eine gehässige Aeußerung, oder auch nur eine unehrerbietige Aeußerung, gegen Preußen oder gegen das Reich (— wäre eine solche vorgekommen, was nicht geschah —) als ein Mißton würde empfunden und von der Fraction, welcher ein Preußischer Regierungsrath vorsaß, mit den Mitteln würde gerügt worden sein, die einer Fraction über ihre einzelnen Glieder zustehen. Jetzt allerdings, nach allem, was seitdem und besonders in neuester Zeit geschehen ist, gehen in Zeitungen und öffentlichen Reden die Wogen höher, und es war nicht anders zu erwarten, als daß die wilden öffentlichen Angriffe gegen alles was den Katholiken als solchen heilig, werth und theuer ist, auch auf ihrer Seite Leidenschaften wach rufen würden. Aber die für die höchsten, für die ewigen Wahrheiten kämpfen, sollten solche Versuchungen überwinden und werden sie hoffentlich überwinden in der ihnen geschenkten Kraft dessen, der durch Leiden und Tod gesiegt hat.

Der Verfasser ist ein Deutscher und ein Preuße von Herkunft und Heimath von seinen Vorfahren her. Seit weit über funfzig Jahren ist er ununterbrochen in Militär- und Civildiensten dreier Könige von Preußen. Er gehört der evangelischen Kirche an. Sein Zeugniß sollte daher wohl insofern einiges Gewicht haben, als es das Zeugniß eines ist, der nicht inmitten der Katholischen Schwarzen, sondern ihnen gegenüber — wiewohl freundlich gegenüber — steht.

Der Reichskanzler scheint zwar in seiner Rede vom 30. Januar 1872 im Preußischen Landtage noch eine andere Art Reichsgesinnung, als diese der Centrumsfraction, zu fordern. Gewissenhafte Unterthanentreue mit allen ihren Folgen genügt ihm nicht. Mitten unter den Vorwürfen, die er gegen die „wider den Staat mobil gemachte" Fraction ausspricht, stellt er den Zweifel auf, ob einem Gliede derselben, dem vormaligen hannoverschen Minister Windthorst, die Neubildung des Reichs „willkommen" sei, ob er „in dieser Gestalt" die deutsche Einigung annehmen wolle, — „in dieser Gestalt" accentuirt er noch einmal, und fügt das scharfe Wort hinzu: „sint ut sunt, aut non sint", mit welchem Worte einmal die Jesuiten jeder Reform ihres Ordens sich widersetzt haben sollen. Also: das Reich gegründet auf den Ausschluß Oestreichs, Kopfzahlwahlen, Annexionen, Einverständniß mit dem Nationalliberalismus, Aufgeben der weltlichen Herrschaft des Papstes, innere nationalliberale auflösende Gesetzgebung, Gleichstellung der Juden, Schank- und Wucherfreiheit und dergleichen — dies alles, etwa die Gesammtpolitik des Reichskanzlers, „willkommen" — ist es so gemeint, dann trifft der Verdacht des Reichskanzlers den altpreußischen Verfasser dieser Schrift eben so wie Herrn Windthorst.

Es sind nun die Momente der Entstehung des jetzigen Conflikts einzeln ins Auge zu fassen.

Man spricht von Aggressionen von Seiten der Römischen Kirche und findet eine solche Agression schon in den Vaticanischen Beschlüssen. Es war ihnen schon 1864 der „Syllabus" und die „Encyklica" vorangegangen, deren wesentlicher Inhalt, so weit er hierher gehört, die Bekämpfung des revolutionären Liberalismus ist, wie er, — seit 1858 mit neuer Entschiedenheit und Thätigkeit hervorgetreten, — Kirche und Staat bedrohte und insbesondere der kirchlichen und weltlichen Regierung des Papstes schroff entgegen trat. Ob der Syllabus und die Encyklica den revolutionären Liberalismus dieser unserer Zeit als geschichtliche Erscheinung richtig aufgefaßt hat, und wie weit daher die vom Papste ihm entgegen gestellten Sätze ihn wirklich treffen, darüber hat das Vaticanische Conzil sich nicht ausgesprochen. Ja! selbst ob es „opportun" war, überhaupt ein Conzil zu berufen, und ob insbesondre opportun, die Unfehlbarkeit der Kirche mehr als bisher zu concentriren in den ex cathedra auch ohne Conzil sich aussprechenden Papst, das sind Fragen, über welche in der Römischen Kirche und namentlich unter den Bischöfen Meinungsverschiedenheiten vor dem Conzil vorhanden waren und wahrscheinlich noch vorhanden sind. Es konnten und können noch, unbeschadet des Vaticanischen Dogma's, die päpstlichst gesinnten Katholiken zweifeln, — ob, — und bestreiten daß, es rathsam war, durch diese Dogmatisirung die trennenden Grenzen zwischen der Päpstlichen Kirche einerseits und andrerseits den Protestantischen Kirchen und besonders der uralten Griechischen Kirche — die einen so großen Theil der Christenheit umfassen — schärfer zu fixiren und schwerer übersteiglich als früher zu machen, und so die Vereinigung der gesammten Kirche Gottes zu hemmen. Alles dieß sind Fragen, welche die Regierung der Katholischen Kirche betreffen im Gegensatz zur maaßgebenden Lehr-Verkündung.

Für seine Regierungshandlungen als solche hat der Papst — der seine Sünden täglich seinem Beichtvater bekennt — Unfehlbarkeit nicht in Anspruch genommen und das Vaticanum seine Unfehlbarkeit nicht festgestellt. Ein Deutscher Katholischer Priester und Gelehrter, der nach dem Vaticanum, und wohl noch jetzt, ein Geschäft sich daraus macht, die vaticanische Unfehlbarkeit des Papstes zu vertheidigen in zahlreichen Flugschriften für das Volk, sagt in einer derselben: „Der Papst kann irren; ich will ein Beispiel anführen. Beim Antritt des Papstthums hat Pius der Neunte gemeint, wenn man im Kirchenstaat auch eine freie Verfassung gebe, wie es in Frankreich Mode war, das werde die Leute zufrieden und ordentlich machen. Da hat der Papst sich gewaltig geirrt. Sein erster Minister Rossi wurde ermordet und der gute wohlmeinende Papst mußte flüchten und kam mit genauer Noth mit dem Leben davon." So pag. 32. 33. der Schrift: „Wohin sollen wir gehen." Von Professor Alban Stolz. 6. Auflage.

Das Vaticanum ist, so begrenzt, das Internum der Römischen Kirche. Die Autorität der Conzilien und des Papstes, beide als ein Ganzes betrachtet, ist dieselbe geblieben wie sie vor dem Vaticanum war. Schon vor mehr als dreihundert Jahren nahm der Papst und das in Trient versammelte Conzil dieselbe Autorität als von Gott verliehen und dieselbe Lehr-Unfehlbarkeit in Anspruch, welche jetzt, ex cathedra, unter Zustimmung des Vaticanums, der Papst allein behauptet. Das Tridentinum aber stellte diese Autorität nicht bloß fest, sondern es übte sie auch in umfassendster Weise aus — freilich unter dem Widerspruche der Protestantischen Welt, einem Widerspruche, der wiederum seinerseits an Bedeutung, Umfang und Energie alles weit übertrifft, was die heutigen „Altkatholiken," oder, wie sie wohl richtiger genannt werden, „Neu-Protestanten," gegen das Vaticanum vorbringen. Nur in dem Verhältniß des Papsts zu den Conzilien ist durch das Vaticanische Dogma eine Modification eingetreten zu Gunsten des Papsts und zum Nachtheil der Conzilien, ähnlich wie wenn in einer weltlichen Monarchie die Rechte des Monarchen durch eine Modification erweitert und die der Stände dem entsprechend beschränkt würden oder umgekehrt. In einer solchen Modification wäre ein Bruch der Identität der betreffenden Monarchie in ihren Verhältnissen zu den Mächten außer ihr erst dann zu finden, wenn diese Verhältnisse selbst dadurch wesentlich verändert würden. Rußland hätte 1848 bis 1850, — wenn auch mit Unrecht, aber doch mit viel größerem Schein des Rechts, — nach der Umgestaltung Preußens durch Einschränkung des Monarchen sagen können: „Preußen ist nun nicht mehr Preußen; die Verträge sind also nicht mehr anwendbar auf diesen neuen Staat," — als jetzt eine solche Behauptung in Beziehung auf die Römische Kirche und das Vaticanum aufgestellt werden kann.

Es hat daher auch wirklich keine Macht 1870 oder nachher Protest eingelegt gegen das Vaticanum, und alle Staaten, die

überhaupt Beziehungen mit Rom unterhalten, haben die nach=
vaticanische Kirche als identisch mit der vorvaticanischen factisch
anerkannt und behandelt. Insbesondere hat Preußen der an's
Lächerliche grenzenden Behauptung, die auch Döllinger nicht
aufgestellt hat, nicht Raum gegeben, als seien nun die Alt=Katho=
liken die wahre Römische Kirche, so daß nun nur ihnen das Katho=
lische Kirchengut und alle die bedeutenden Rechte gehörten, welche
die Römische Kirche im Laufe der Zeiten unter Anerkennung der
Staaten erworben hat. Deshalb hat auch der Friede Preußens
und nachher des Deutschen Reichs mit der Katholischen Kirche
ungetrübt fortbestanden nach wie vor dem Vaticanum ein Jahr
lang, vom Juli 1870 bis Juni 1871. Mitten in dieser Zeit,
im December 1870, erfolgte, wie schon erwähnt, die eben so
gnädige als gerechte Zusage des Kaisers in Betreff der Berau=
bung des Papsts durch König Victor Emanuel. Im Juni 1871
suchte der Reichskanzler, — unzufrieden mit der Haltung der
Centrumsfraction, deren Bedeutung und selbstständige Haltung
kurz vorher zuerst hervorgetreten war, — Remedur dagegen beim
Papste auf vertraulichem Wege, — freilich vergeblich —, ob=
gleich die Schwarzen doch alle des Reichs und nicht des Papsts
Unterthanen waren. Und noch am 30. Januar 1872, als das
Lutzische Ausnahme=Gesetz schon ergangen war und das Schul=
Aufsichts=Gesetz unter heftigen Kämpfen in der Verhandlung
schwebte, erklärte der Reichskanzler im Preußischen Abgeordneten=
hause (wörtlich): „Dogmatische Streitigkeiten zu beginnen über
die Wandlungen oder Declarationen innerhalb des Dogma's der
Katholischen Kirche liege der Preußischen Regierung fern und
jedes Dogma, welches so und so viel Millionen Mitbürger thei=
len, müsse ihren Mitgliedern und der Regierung heilig sein," —
eine Anerkennung, welche selbstverständlich gerade auf das Vati=
canum sich bezog, und welche sogar übertrieben erscheint, wenn
man die Worte „jedes" und „heilig" wörtlich nimmt und die
„Millionen" als Zahl entscheiden läßt. Endlich aber hat der

Reichskanzler das Siegel aufgedrückt auf diese seine Auffassung noch am 14. Mai 1872, dem Tage vorher ehe im Reichstage in der Jesuitendebatte das Feuer des Grimms gegen die Römische Kirche aufflammte. Mit Nachdruck hat er damals die Rechte des Papsts in ihrem vollen Umfange anerkannt, ohne auch nur eine Andeutung zu geben, daß im Vaticanum dem Reiche gegenüber eine Ueberschreitung dieser Rechte liege. Nur das sprach er aus, daß ein Konkordat dadurch verhindert werde. Von einem Konkordat ist jetzt glücklicher Weise keine Rede. Ehrliche Anerkennung der gegenseitigen Rechte — wie sie längst geordnet sind — ist der beste Weg zur Einigkeit, und dann Ausgleichung der dennoch entstehenden Irrungen im Einzelnen durch gegenseitiges freundliches Entgegenkommen. „Es gibt keinen auswärtigen Souverän," sagte der Reichskanzler an jenem 14. Mai, „der" — wie der Papst — „berufen wäre so ausgedehnte, der Souveränetät nahe kommende und durch keine konstitutionelle Verantwortlichkeit gedeckte Rechte im Deutschen Reiche vermöge unsrer Gesetzgebung auszuüben." Mehrfach titulirte der Reichskanzler gerade in den letzten Zeiten in seinen Parlamentsreden den Papst als: Seine Heiligkeit, — eine Titulatur, welche Protestanten in der Regel lieber vermeiden. Es kam am 14. Mai — wie erwähnt — auf die Kosten der Gesandtschaft beim Papste an. Diese wurden nach diesen Erklärungen noch an demselben Tage einstimmig bewilligt.

Der nächste Act der Römischen Aggressionen nach dem Vaticanum soll in den zwei Anträgen des Centrums im Ersten Reichstage, dem von 1871, bestehen, nämlich erstens in dem Antrage aus der Adresse an Seine Majestät die Verwerfung aller Intervention „in jeder Form und unter jedem Vorwande" zu streichen, — wobei wohl an den beraubten Papst gedacht wurde, und zweitens in dem Antrage, in die Adresse den Wunsch aufzunehmen, daß den Katholiken im ganzen Reiche diejenige Religionsfreiheit gewährt werde, welche sie in Preußen schon genießen. Der Verfasser hat in seiner vorjährigen

Schrift: „Das neue Deutsche Reich" zu zeigen gesucht, wie billig dieser Wunsch und wie wohlberechtigt jener Antrag war. Jetzt wird wirklich intervenirt zu Gunsten der Rumänischen Juden, — wohl mit Recht, aber im Widerspruch mit jener Verwerfung aller Intervention in der Adresse von 1871. Den Juden sind allenthalben große Rechte eingeräumt; aber mindestens eben so zulässig wie für Rumänische Juden ist doch wohl eine Intervention für Römische Christen und für den Papst, zumal gerade diese Intervention der Kaiser, wie oben gezeigt, mehrfach in Aussicht gestellt hat.

Im Juni 1871 entzog der Bischof von Ermeland dem Katholischen Religionslehrer Wollmann am Gymnasium in Braunsberg die missio canonica wegen seiner Opposition gegen das Vaticanum. Es ist schwer einzusehen, wie der Bischof dieß ohne Verletzung seiner Amtspflicht hätte unterlassen dürfen. Weder Preußen, noch, so viel bekannt geworden, irgend ein Deutscher oder außerdeutscher Staat hat Einspruch gethan gegen die zahlreichen Excommunicationen wegen Auflehnung gegen das Vaticanum. Der Reichskanzler hat das Eingehen auf die „Wandelungen des katholischen Dogmas" ausdrücklich von sich gewiesen, wie oben gezeigt ist. Die Alt-Katholiken haben bisher nichts zu Stande gebracht, was einem gemeinsamen geordneten Kirchenwesen ähnlich sähe. Die Gesandtschaft des Reichs beim Papste erscheint im Reichsbudget. Sogar das nicht- „clericale" Preußische Allgemeine Landrecht verweist die „katholischen Priester," mithin auch die Bischöfe, (wörtlich) wegen ihrer geistlichen Amtsverrichtungen auf die Vorschriften des canonischen Rechts," eben so wie die „protestantischen Geistlichen auf die Consistorial- und Kirchen-Ordnungen," §. 66. Titel 11. Theil II. Zu diesen geistlichen Amtsverrichtungen gehört die Ertheilung und Entziehung der missio canonica.

Die Preußische Verfassungs-Urkunde sichert, Artikel 15, der Römisch-Katholischen Kirche die selbstständige Ordnung und Verwaltung ihrer Angelegenheiten" zu. Das Recht der Ausschließung oder Excommunication gehört in der Regel zu den natürlichen Rechten jeder Gesellschaft. Das Evangelische Consistorium in Magdeburg hat kürzlich die Excommunication derjenigen Evangelischen Väter vom Sacrament des Altars angeordnet, welche bei Eingehung einer gemischten Ehe ihre künftigen Söhne — nicht die, welche ihre Töchter — der Katholischen Kirche zuweisen. Auch von den Freimaurern wird, so viel bekannt, dieses Recht der Ausschließung nach ihrer Verfassung geübt. Man sagt, die Excommunication berühre aber doch die bürgerliche Stellung und Ehre des Ausgeschlossenen. Ob dieß der Fall, hängt von der Meinung und Stimmung der Kreise ab, in denen der Ausgeschlossene lebt. Antivaticanische, oder protestantische Kreise werden vielleicht gerade die excommunicirten Katholiken und jüdische Kreise die in das Judenthum hineinheirathenden excommunicirten Christen eben wegen ihrer Excommunication vorzüglich preisen und ehren, während eine freimaurerische Excommunication dem Excommunicirten in den weit verbreiteten freimaurerischen Kreisen sehr nachtheilig und für seine Person sehr empfindlich sein kann. Wer irgend einen Grad von christlichem Recht und christlicher Freiheit will und nicht mohamedanischen oder heidnischen Absolutismus, der muß auf solche Gegensätze und Inconvenienzen gefaßt sein.

Die Preußische Regierung scheint mit diesen auf der Hand liegenden Wahrheiten sich nach und nach befreundet zu haben. Nachdem Monate lang der Bischof wegen Wollmann's bedrängt worden, hat man weislich dem Streit ein Ende gemacht durch Dispensation der katholischen Schüler von Wollmann's Religions-Unterricht.

Nur darüber wird noch verhandelt, welche Antwort im Deutschen Reich auf die Frage zu geben ist, die die Apostel Petrus und Johannes dem Rath in Jerusalem stellten:

„Richtet ihr selbst, ob es vor Gott recht sei, daß wir Euch mehr gehorchen als Gott?"

Als ein Schlag gegen die Katholische Kirche ist die bald nach dem Beginn der Ermeländischen Angelegenheit erfolgte Aufhebung der Katholischen Abtheilung des Cultusministeriums durch Cabinets-Ordre vom 18. Juli 1871 empfunden worden. In Verbindung mit der Gesammthaltung der Preußischen Regierung konnte sie auch nicht wohl anders empfunden werden. Ihre Errichtung war ein Werk König Friedrich Wilhelms des Vierten „um" — wie die betreffende Cabinets-Ordre von 1841 wörtlich sagt, — „ein von gegenseitigem Wohlwollen und Vertrauen getragenes Zusammenwirken und eine verstärkte Bürgschaft für die gründliche und vielseitige Berathung der Katholischen Kirchenfragen zu gewinnen und zu geben." 1841 war der Zeitpunkt, wo der König bald nach seinem Regierungs-Antritte den oben erwähnten Gewaltmaaßregeln gegen die Katholische Kirche ein Ende gemacht hatte, und das Placet aufgab. So lange dieses so bewährte Wohlwollen bestand und jenseits anerkannt wurde, also etwa ein Viertel-Jahrhundert lang, scheint diese Einrichtung gut gewirkt zu haben. Allein von Anfang an drängte sich das Bedenken auf, daß die Idee der absolutistischen Allmacht des religionslosen Staats dieser Institution sich bemächtigen könnte, also: der paritätische Preußische Staat oder auch sein Cultusminister schwebend als höhere Einheit über dem Unterschiede der Katholischen und der Evangelischen Kirche und daher beide umfassend und leitend — ein unhaltbarer Standpunkt, der ausgeht von der verderblichen Irrlehre von der Staatsomnipotenz. Sobald der Gegensatz der Interessen hervortritt, so verleitet dieser Standpunkt leicht zur Verletzung der einen oder andern Kirche, oder, wenn lau oder indifferent vermittelt wird, zur Verletzung beider Kirchen.

Parität ist ein Rechtsbegriff, aber Parität ist keine Religion. Unter dem Vorwande der Parität darf dem Kaiser und dem Könige von Preußen Indifferenz und Religionslosigkeit nicht aufgedrungen werden. Gelänge dieß — obgleich es völlig nie gelingen kann — so würde das Reich und Preußen entweiht, entgeistet und in seinem innersten Leben nullificirt werden. Wo bleibt, wenn der Allmächtige Gott eine für das Reich gleichgültige Privatmeinung ist, der Krönungseid, der Huldigungseid, der Fahneneid, der Amtseid, der Zeugeneid, kurz, jeder Eid, auf dem doch aller Rechtsschutz als auf seiner letzten festen Stütze beruht? Wenn es gelänge, den Kaiser und den Preußischen Staat als solche völlig gleichgültig zu machen gegen die Confession, und in weiterer nothwendigen Folge gegen das Christenthum überhaupt, so würde dennoch nicht Gleichheit zwischen Katholiken und Protestanten eintreten, sondern Heidenthum und Mißhandlung beider Kirchen, ein Heidenthum, das in der Gestalt der Staats=Omnipotenz schon im Anzuge ist und im heidnischen Römerreiche zur Anbetung der Kaiser und zum Martyrium der Christen geführt hat.

Die Rechte und Freiheiten der christlichen Kirchen müssen im Deutschen Reich gegründet werden als auf ihr Fundament auf das Bekenntniß der Confessionen so weit es gemeinsam ist. Die edle Tugend der Toleranz darf nie, wie es so oft geschieht, mit Indifferenz befleckt werden. Das Prinzip der christlichen Toleranz ist das geistliche Wesen des Christenthums, verbunden mit den christlichen Tugenden der Liebe und der Demuth.

Kein Preußischer oder Reichs=Unterthan hat als solcher ein Recht auf Anstellung im Staatsdienst. Man könnte eben so wohl numerisch=statistische Verhältnisse geltend machen für die Anstellung von Liberalen einer= und Conservativen andererseits. Der Kaiser und König von Preußen ist in der That Evangelisch, also berechtigt und verpflichtet auch als Kaiser und König Evangelisch zu sein, das heißt: er hat in kirchlicher Beziehung seinen Evangelischen Unterthanen gegenüber besondere Rechte und Pflichten, die er seinen Katholischen Unterthanen gegenüber nicht hat. Gerechtigkeit, Schutz, Fürsorge, Liebe, hat der Evangelische Kaiser und König, wie seinen Evangelischen, so auch seinen Katholischen Unterthanen zu gewähren, nicht obgleich, sondern weil er Evangelisch ist und seine Religion ihn dazu verpflichtet. Von der andern Seite genießen die Katholiken das von ihnen sehr hoch geschätzte Vorrecht, in Kirchensachen wesentlich vom Papste und nicht vom Kaiser und Könige regiert zu werden. Mit Recht hat daher der Reichskanzler im Abgeordnetenhause den Anspruch zurückgewiesen, die Aemter Preußens nach dem Zahlenverhältnisse der Katholischen und Evangelischen Unterthanen zu besetzen. Mit demselben Recht könnte für Juden und Heiden ebenfalls Theilnahme an den Aemtern nach der Statistik gefordert werden, — wenn nicht gar am Ende Katholische und Evangelische Kaiser und Könige im Wechsel.

Andererseits steht dem Evangelischen Kaiser und Könige als solchem und seinem Vertrauen der Katholische Christ, welcher wirklich Christ ist, näher als der Protestant, welcher Heide ist, und danach sollte die Praxis bei Besetzung der Aemter sich richten so weit es auf die Confession ankommt. Denn es ist eine Evangelische Pflicht, geistliche Sachen geistlich zu beurtheilen.

Geht man von diesen Rechtsverhältnissen und Rechtsgrundsätzen aus, wie es die besten Interessen auch der Katholiken erfordern, so ist es, so rathsam und nothwendig auch die Zuziehung von Katholischen Sachverständigen für Katholische Kirchensachen ist, gleichwohl unnatürlich und im Allgemeinen nicht rathsam, daß der Evangelische König seine Rechte der Katholischen Kirche gegenüber durch Katholiken wahrnehmen ließe. Die Gefahr — mindestens der Argwohn — läge nahe, daß dazu laue oder gar ungetreue Katholiken ausgesucht würden, ausschließlich oder doch vorzugsweise vor den ernsten und treuen Katholiken. Dergleichen Katholiken zweiter Klasse würde die Katholische Kirche, und zwar mit gutem Grunde, das Vertrauen versagen, welches sie rechtschaffenen und besonnenen Evangelischen, die das Recht und den Frieden lieben, wohl gewähren würde. Das freundlichste Ver=

hältniß zu Rußland und Oestreich würde es nicht rechtfertigen, die Gesandtschaft in Petersburg einem Russen oder die in Wien einem Oestreicher anzuvertrauen. Der mißlungene Versuch, einen Cardinal als Geschäftsträger des Reichs beim Papste zu beglaubigen, hat Erstaunen erregt, aber weder den Papst noch die Deutschen Katholiken befriedigt. Der Reichskanzler sagte am 30. Januar 1872 im Preußischen Landtage: einer katholischen Abtheilung im Cultusministerium würde er einen Päpstlichen Nuntius in Berlin vorziehen; „von dem wisse man doch, was er vertrete". Würde dies der Papst wohl, von dem Cardinal Hohenlohe gewußt haben? Man würde es dem Papst nicht verdenken können, wenn er etwa von diesem Cardinal als Preußischem oder Reichs=Geschäftsträger keine Ausgleichung der Differenzen gehofft, vielleicht eher das Gegentheil gefürchtet haben sollte. „Schiedlich, friedlich", sagt das Deutsche Sprüchwort, und das Englische noch zierlicher: „Love yuor neighbour, but d'ont pull down your hedge!" (Liebe deinen Nachbar, aber reiße deinen Zaun nicht ein!)

Gleichzeitig mit der Aufhebung der Katholischen Abtheilung im Cultusministerium im Sommer 1871 verwandelte sich plötzlich in den Elsassischen Kirchen= und Schulsachen das darin bis dahin beobachtete Verfahren der Reichs=Regierung in sein Gegentheil. Mehrere wichtige Organisations= und Verwaltungsorgane, die bis dahin das Vertrauen der Regierung gehabt, wurden ihrer Functionen enthoben. Die Darstellung eines dieser Organe, des D. Fabri, in der Schrift: „Staat und Kirche", ergiebt folgenden Verlauf. Nach ihm hatten „am raschesten" der neuen deutschen Herrschaft „die gläubigen Theile des Elsassischen Protestantismus sich zugewendet". „Denn" — sagt D. Fabri — „was man auch sonst hoffen oder fürchten mochte, darüber war in diesen Kreisen doch nur eine Ueberzeugung: „mit unserem kirchlichen Leben wird es durch den Anschluß an Deutschland jedenfalls besser. Man wird uns von den Rationalisten und Radicalen nicht mehr unterdrücken lassen. Es wird ein neuer frischer

Hauch kirchlichen Lebens durch unser Land ziehn". Von der that=
sächlichen Folge der Wandelung im August 1871 dagegen sagt
er: „In der Kirche Augsburgischer Confession war nun auf's
Neue die ausschließliche Herrschaft der rationalistischen und der
religiös=radicalen Partei constituirt. Natürlich machte diese Wen=
dung großes Aufsehn. Alle waren überrascht, am meisten die
Vertreter des kirchlichen Liberalismus; aber natürlich hieß es
erfreut in ihren Reihen: „Eh bien, à présent nous ferons
l'Église."

Nicht minder tief, sagt D. Fabri, seien die Gemüther durch
die Wandelung in den Schulsachen ergriffen worden. „Denn"
— so erzählt er weiter — „plötzlich im August kam der Bescheid:
die Seminarien sind als confessionslos zu behandeln; den Schul=
Inspectoren" —(doch wohl in der Regel Geistlichen —) „ist
die Competenz in Religionssachen entzogen und für jeden Kreis
wird ein Schul=Inspector ernannt; die Volksschule also ist con=
fessionslos", — mithin das Ideal der Revolutionärs von
ganz Europa realisirt. „Die Schulfrage", so fährt er fort, „war
eine Sache, die jede Familie berührte, die in allen besprochen
wurde, und die viel tiefer ging als alle sonstigen Verwaltungs=
Organisationen. Um so peinlicher mußte der plötzliche Umsturz
des eben" — vor dem August — „eingeführten Systems befrem=
den. Der General=Gouverneur" — Graf Bismarck, ein Vetter
des Reichskanzlers — „erhob motivirte Einrede gegen die Kirchen=
und Schulrescripte. Sie wurden auf's neue bestätigt. Der Ge=
neral=Gouverneur erbat sofort von Seiner Majestät dem Kaiser
Enthebung von seinem Posten und erhielt dieselbe kurz nachher,
mit einer militärischen Rangerhöhung". „Es ist", meint D.
Fabri, indem er nach den Motiven dieser Wandelung forscht,
„dies Verfahren einfach eine Praxis der absoluten kirchlichen Bu=
reaukratie, die vollendete Rehabilitation des territorialistischen Prin=
zips, wie sie in dieser unbedingten Form in Deutschland in allen
Landeskirchen längst abgethan ist". Er setzt hinzu: „Ich bin der

Ueberzeugung, wären die Häupter der Ultramontanen in Straßburg zu Rathe gezogen worden, sie würden jenen Entscheidungen des Reichskanzler-Amts bezüglich der Protestantischen Kirchenangelegenheiten ihren vollen Beifall geschenkt haben; denn was kann dem Ultramontanismus willkommner sein als eine unter den Staat gebundene, vom Rationalismus beherrschte Protestantische Kirche?" Aber wir dürfen hoffen, daß er in dieser Ueberzeugung irrt. Den rechtschaffnen Katholiken lehrt der Heilige Paulus 1. Corinth. 13, 6. und im Einklang damit die Katholische Kirche, sich „nicht zu freuen der Ungerechtigkeit, sondern sich zu freuen der Wahrheit", wo er sie auch findet. Selbst die so streitbare Berliner Germania sieht ein (was leider viele Evangelische noch nicht einsehn) und predigt, daß Katholiken und Evangelische in den himmelhohen und höllentiefen Gegensätzen dieser Zeit wesentlich und hauptsächlich nicht berufen sind, einander zu bekämpfen, sondern wie Ein Mann in den heiligen Kampf zu ziehn gegen alle Freigeisterei und Gottlosigkeit, — und im Elsaß stehen nach den öffentlichen Nachrichten, die voll sind von katholischen Elsassischen Religionsbeschwerden, die Katholiken nicht minder entschieden als die Evangelischen den beide Theile treffenden Regierungsmaaßregeln gegenüber.

Im November 1871 veranlaßte die Baierische Regierung durch ihren Cultusminister von Lutz das nach seinem Namen genannte Reichs-Ausnahme-Gesetz gegen die Geistlichen, — wie er sagte: „im Interesse des öffentlichen Friedens". Er meinte wohl einer Waffe zu bedürfen wider Römische Eiferer, denen gegenüber die Regierung des grundkatholischen Baiern etwas voreilig sich verwickelt hatte in die Begünstigung der „Alt-Katholiken", — in einen Irrweg, den das Evangelische Preußen im Wesentlichen glücklich vermied, indem es sich zeitig zurückzog aus seiner unhaltbaren Stellung in der Wollmann-Ermländischen Sache. Diese Alt-Katholische oder Neuprotestantische Parthei hat gewissenhafte Katholiken unter ihren Gliedern, die stets sorgfältig unterschieben werden sollten von ihrem kirchenfeindlichen und freigeistmu‍rischen Anhange. Eine Aussonderung dieses Anhangs ist die Lebensbedingung der Parthei; aber sie ist von ihr, so viel bekannt, nicht einmal versucht worden. Sie ist daher zu irgend einer kirchlichen Einheit oder Haltung nicht gelangt. Die Römische Kirche einerseits bekennen mit Einschluß des Tridentinums und bis zum 18. Juli 1870, andrerseits aber von diesem Tage an gegen sie Front und scharfe Opposition machen, — das ist ein so schmaler Standpunkt, daß es schwer — vielleicht unmöglich — ist festen Fuß darauf zu fassen. Die Parthei scheint daher jetzt ihrer Auflösung entgegen zu gehn. Döllinger dürfte diesen Ausgang vorher gesehn haben. Er hat schon 1871 gegen eine besondere Kirchenbildung sich erklärt. Die bairische Regierung aber ist inzwischen in eine mißliche Stellung gerathen und es ist nicht unverständlich, wenn Herr von Lutz in der Rede, die sein Gesetz einleitete, sagte: in Baiern werde das Bedürfniß „gesetzlicher Hülfe" am dringendsten empfunden. Wie aber ein Katholischer Minister — ein Baierischer Katholischer Cultminister, der auch nach dem Vaticanum den Papst noch anerkennt, — wie ein solcher für seine kirchlichen Verlegenheiten Hülfe nicht beim Papste, auch nicht bei dem Episcopate seiner Kirche, sondern bei dem jetzt national-liberalen Reiche und bei dessen nichtkatholischer Reichstagsmehrheit suchen kann, das ist nicht leicht zu fassen. Es ist kaum denkbar, daß er gehofft hat durch ein solches Gesetz seine Opposition in Baiern zu schrecken. Die Erfolge konnten höchstens sein: einigen übereifrigen Geistlichen eine leichte Strafe zuzuziehen und dadurch den Vortheil eines unblutigen Martyriums zu verschaffen, die minder eifrigen aber vorsichtiger zu machen, — beides Erfolge, die geeignet sind Herrn von Lutz's Gegner stark, aber nicht geeignet sie schwach zu machen. Dies waren aber auch wohl nicht seine Ziele, sondern er wollte dem Reiche das Signal geben zu einem Angriffe wider die Kirche. Er sagt selbst in seiner einleitenden Rede: „der Kern der Sache sei die Frage, wer Herr im Staate sei, die Regierung oder die Römische Kirche". Von vorn herein sollte man meinen: in Römisch=katholischen Kirchensachen könne keine Staatsregierung schlechthin Herr sein, wie ja auch keine Staatsregierung in Evan= gelischen Kirchensachen schlechthin Herr ist. Bei diesem „Kerne" blieb Herr von Lutz auch in seiner versuchten Begründung stehn, und ebenso nach ihm diejenigen, die das Gesetz empfahlen „als eine große Manifestation Rom gegenüber, als einen ersten Schritt zur Trennung des Staats von der Kirche". Von der andern Seite characterisirte Herr Peter Reichensperger, — ein Katho= lischer Preußischer Ober=Tribunalsrath — die einleitende Rede des Herrn von Lutz als „einseitig und feindselig gegen die ganze Katholische Kirche wie sie ist, wie sie immer war und wie sie immer sein wird".

Erst 1870 war, nach langen und sorgfältigen juristischen und parlamentarischen Berathungen, das Strafgesetzbuch zu Stande gekommen und 1871 auf das gesammte Reich ausgedehnt worden. Dieses Gesetzbuch enthält in wohl überlegter scharfjuristischer Fas= sung ausführlich die Strafbestimmungen, die damals für die Si= cherung des öffentlichen Friedens erforderlich und genügend erachtet wurden. War es Herrn von Lutz um Befriedigung wahrer legis= lativer Bedürfnisse durch besonnene Legislation zu thun, so hätte er nachweisen müssen, daß und warum diese so neuen Bestim= mungen, obschon gehörig angewendet, doch erfahrungsmäßig un= genügend befunden worden, und weiter: daß sie — wiewohl hin= reichend für alle andre Vergehen, — doch ungenügend seien ge= genüber der Geistlichkeit, — und zwar auch der Evangelischen Geistlichkeit, die das Gesetz mit trifft, obschon des Herrn von Lutz Gründe und die seiner Anhänger auf sie nicht passen. Man be= handelte in den Berathungen die Evangelischen, als wären sie nicht vorhanden oder doch keiner Beachtung werth und als ver= stände es sich von selbst, daß sie sich alles ohne weiteres müßten gefallen lassen. Von solcher Prüfung aber und von solchem Nach=

weise ergibt Herrn von Lutz's Rede und ergeben die Verhandlungen des Reichstags nichts.

Während ferner die Paragraphen des Straf-Gesetzbuchs die mit Strafe bedrohten Vergehen gehörig präcisiren, bedroht das Lutzische Gesetz ohne solche Präcisirung mit Gefängniß oder Festungshaft die Reden der Geistlichen, welche "Staatsangelegenheiten in einer den öffentlichen Frieden gefährdenden Weise behandeln," — dehnbare Ausdrücke, die im Interesse solider Rechtspflege sorgfältig sollten vermieden werden, und zwar besonders sorgfältig bei Erlaß von Strafgesetzen in Zeiten leidenschaftlicher Parthei-Aufregung wie die jetzigen. So ist das Gesetz votirt mit 179 gegen 108 Stimmen und publicirt. Es ist nicht bekannt geworden, daß irgend erhebliche Fälle sich ereignet haben, wo es zur Anwendung gekommen, und daß auch nur ein einziger Fall vorgekommen ist, den das Strafgesetzbuch nicht eben so wohl getroffen hätte. Man könnte daher meinen, es sei das ganze Gesetz, wenn auch nicht weise und gerecht, doch unbedeutend und wirkungslos. Allein eben dadurch, daß es so schwach motivirt, so ungewöhnlich dehnbar und so wenig erforderlich war, tritt seine der Kirche feindliche Tendenz um so greller hervor. Es war daher nicht geeignet, den öffentlichen Frieden" — wie es sich ausdrückt — aufrecht zu halten, wohl aber in hohem Grade geeignet, den öffentlichen Frieden zu stören und feindselige Leidenschaften, besonders die der Katholischen Kirche feindseligen Leidenschaften, bis auf den Punkt zu steigern, den sie jetzt erreicht haben, während gleichzeitig in der Tagespresse und in öffentlichen Versammlungen widerchristliche, socialistische und communistische Kundgebungen ungestraft täglich hervortreten mit einer Frechheit, der nichts heilig ist im Himmel und auf Erden. Sonach wird man nicht umhin können, in diesem exceptionell gegen die Kirche gerichteten Gesetze eine wesentlich mitwirkende Ursache der jetzigen beispiellosen innern Zerrissenheit des Reichs zu finden. Und doch thut dem neuen Deutschen Reiche die Pflege seines innern Friedens und seiner jungen Einheit so bitter Noth!

Im Februar 1872 begannen im Preußischen Abgeordnetenhause die Verhandlungen über das Schul-Aufsichts-Gesetz. Die Regierung war unzufrieden mit einer Anzahl von Schulen in Westpreußen, Posen und wohl auch in Oberschlesien. Katholische und Polnische Schulmeister sollten in denselben der Polnischen Sprache und mittelbar der Katholischen Kirche zu viel Raum gewährt haben zum Nachtheil der Deutschen Sprache und der Evangelischen Kirche. Die bestehende Schul-Verfassung räumte der Regierung zur Einwirkung auf die Details des Schul-Unterrichts ausgedehnte Rechte und reichliche Mittel ein, — man könnte vielleicht meinen, allzuausgedehnte Rechte und allzureichliche Mittel, wenn man erwägt, daß Kinder-Unterricht zunächst Sache der Eltern und Vormünder, dann Sache der Gemeinen und der Spezial-Obrigkeiten, dann Sache der Kirche, und dann erst Sache des Staats ist. So faßt das nicht „clericale" Preußische Landrecht die Schulen auf. Daß die Beseitigung der hervortretenden Uebelstände durch Anwendung aller jener Mittel versucht worden, und vergeblich versucht worden, wurde nicht behauptet und noch weniger nachgewiesen, wiewohl der ordentliche Weg besonnener Gesetzgebung solches erfordert hätte. Von diesem Wege abzuweichen, kann nur durch plötzlich eingetretene Nothstände motivirt werden. Plötzliche Nothstände aber waren nirgend vorhanden. Nur allmählig kann, der Natur der Sache nach, die Katholische Kirche und die Polnische Sprache Eroberungen machen in den Schulen und allmählig kann auch nur die etwa nöthige Abhülfe wirken. Es lag also auch hier der „Kern der Sache," wie Herr von Lutz bei seinem Gesetz sich ausdrückte, wo anders und zwar eben da, wo er bei dem Lutzischen Gesetze lag. Kaum läßt sich ein Gegenstand der Legislation denken, der an sich weniger geeignet ist, politische und kirchliche Leidenschaften aufzuregen oder auch nur Meinungsverschiedenheiten hervorzurufen, als der Zweck, Schulkindern den nöthigen Unterricht, jedem in seiner Sprache und in seiner Religion, zu sichern. Gleichwohl entbrannten in beiden Häusern die großen und tiefen Gegensätze der Zeit in hohem Grade, und zwar gleich zu Anfang der Berathung im Abgeordneten=Hause. Hinausweisung der Kirche aus der Schule! — so die Linken, sich stützend auf die Regierung. Andrerseits: Vertheidigung des guten verfassungsmäßigen Rechts der Kirche an der Schule! — so die Reste der Conservativen und das Centrum. Es ist dieß dadurch erklärlich, daß dieses Gesetz, eben wie das Lutzische, weit über sein angebliches Ziel schoß. Es hat, so viel es durch ein Gesetz geschehn kann, beiden Kirchen, der Evangelischen nicht minder als der Katholischen, ihr Recht der Schul=Aufsicht entzogen, indem es dieselbe „ausschließlich dem Staate" überweist. Der herrschende Unglaube und der die Regierung stützende Liberalismus proclamirt laut, daß er, wie aus der Ehe und dem Staate, so auch aus der Schule das kirchliche Bekenntniß hinausdrängen will. Es stehn also Schulen in Aussicht, in denen, nicht etwa keine Religion, — denn das ist unmöglich — sondern die Religion der Nationalliberalen, der Protestantenvereine und der Reformjuden gelehrt wird von Lehrern, die der dann etwa zu derselben Religion bekehrte omnipotente Staat gebildet hat. „Allein der Hohenzoller spricht: Erfülle Deine Bürgerpflicht, Nach Deinem Glauben frag' ich nicht," — so dichtete schon vor einem halben Jahrhundert der liberale nachmalige Kriegsminister von Boyen.

Auch beschränkte sich das Gesetz nicht auf die Schulen und die Provinzen, in denen man Uebelstände entdeckt haben wollte, sondern es umfaßte den ganzen Preußischen Staat, also alle Evangelische Schulen, die nichts mit Romanismus, und alle rein Deutsche Schulen, die nichts mit Polonismus zu schaffen haben. Es traf also die gesammte christliche Kirche des Preußischen Staats, und konnte sich, wiederum wie das Lutzische Gesetz, nur auf allgemeines Mißtrauen gegen die gesammte Kirche grün=

ben. Daß die Evangelische Kirche solches Mißtrauen verdiene, wurde nicht einmal angedeutet, als verstehe es sich von selbst, daß sie rechtlos sei und ohne specielle Begründung aus ihrem Besitze verdrängt werden könne. Das Recht der Kirche an der Schulaufsicht war begründet durch die Entstehungsgeschichte der bei weitem meisten Schulen, war gesetzlich anerkannt durch das Preußische Allgemeine Landrecht, und war feierlich gewährleistet durch die beschworne Verfassungs-Urkunde. Denn die kirchliche Schulaufsicht war ein Theil und Glied derjenigen „Unterrichts-Anstalten," in deren Besitz und Genuß nach Artikel 15 „die Evangelische und die Katholische Kirche bleiben" soll. Die für Aenderungen der Verfassungs-Urkunde in ihr selbst Art. 107 vorgeschriebenen Formen wurden nicht beobachtet. Auch in diesem Falle setzte der Liberalismus sich dreist hinweg über denselben constitutionellen Rechtsschutz, für welchen einzustehen er sonst so laut sich rühmt. In beiden Häusern standen der Regierung große Minoritäten entgegen, bestehend aus Conservativen von allen Farben und aus Evangelischen und Katholiken Hand in Hand. Der oben erwähnte Herr Reichensperger berief sich in seiner Rede wider das Gesetz auf eine Aeußerung Seiner Majestät des Kaisers. Als der Kaiser — so erzählt Herr Reichensperger — als Prinz von Preußen aus dem badischen Feldzuge (1849) zurückkehrte, da habe er zu einer Deputation des Preußischen Abgeordnetenhauses, deren Mitglied Herr Reichensperger war, mit bewegten Worten ausgesprochen, daß er als den letzten tiefsten Grund der vollen staatlichen und socialen Auflösung in Baden nichts anderes erkannt habe, als die Entfremdung der Schule von der Kirche und die Entchristlichung der Schule.

Was links geht, stand zur Regierung. Ungewöhnlich oft und ungewöhnlich erregt wirkte der Reichskanzler ein auf beide Häuser. Besonders schroff trat er im Herrenhause auf und denen entgegen, die bis auf die neueste Zeit in der Regel mit ihm gegangen waren. Seine festeste Stütze in seinem Kampfe von 1862 bis 1866, in welchem Armee und Thron auf dem Spiele standen, war der Kern des Herrenhauses, dessen damalige „patriotische Unterstützung" den Dank des Kaisers ausgesprochen in Versailles an die gratulierende Deputation des Hauses, verdient hat — „er werde es dem Herrenhause nie vergessen." Eben diese Parthei wurde nun — zum Theil in denselben Individuen — von dem Reichskanzler heftig bekämpft und endlich besiegt mit Hülfe seiner und ihrer damaligen Gegner. Es war für den Reichskanzler der Moment gekommen jenen kaiserlichen Dank dem Herrenhause zu bethätigen. Es geschah nicht.

Dennoch treu dem Könige und dem Vaterlande — um diese Fahne möge das in seinem alten Bestande politisch zersprengte Herrenhaus neu sich sammeln und kühn und fest denen die Spitze bieten, die jetzt wie 1862 — und gefährlicher als 1862 — Sturm laufen auf die Fundamente des Thrones und des Reiches. Die Armee ist ein mächtiger Granitblock in diesen Fundamenten, aber noch tiefer fundamental ist doch die christliche Kirche.

Die Evangelische Kirche wurde durch diesen schweren Schlag viel empfindlicher getroffen als die Römische. Besonders laut daher und weit und breit machten die Klagen der Evangelischen Geistlichen sich geltend in ihren Conferenzen und in andern gemeinsamen Kundgebungen. Der Römischen Kirche stehen mehr Mittel zu Gebote, einzuwirken auf die Familien und auf die Erziehung der Schul-Kinder durch ihr näheres Verhältniß zu den niedern Ständen und besonders durch die Beichte. Mit Rücksicht auf diesen Einfluß konnte daher neulich Herr Windthorst treffend einen Toast ausbringen auf „die Frauen als die unabsetzbaren Schul-Inspectoren."

Es versteht sich von selbst, daß auch in dieser Schul-Inspections- eben so wie in der Cult-Etats-Debatte die heftigsten Reden gegen die Römische Kirche gehalten wurden. Das Schul-Inspections-Gesetz wurde drohend als nur ein erster Schritt bezeichnet, dem mehrere folgen müßten u. s. w. Im Abgeordnetenhause wollte der Jude Lasker, voll Interesse für unsere christlichen Schulen, „nicht dulden" daß die Kirche Rechte darin ausübe; denn „alles Recht werde allein vom Staate abgeleitet," und der Jude Kosch sprach seinen Unwillen aus, daß der Evangelische Oberkirchenrath den Abfall eines Christen zum Judenthum als „verabscheuungswürdig" bezeichnet habe. Ein Berliner Prediger und ein Professor an der Universität in Berlin scheuten sich nicht, den Ober-Kirchenrath, die oberste Behörde der Evangelischen Kirche, anzugreifen als überhaupt nicht zu Recht bestehend, und auf seine Beseitigung zu bringen. Der gedachte Prediger sprach den Wunsch aus, daß der Staat die Kirche „von dem Ober-Kirchenrathe und seinen Consistorien befreie." Seine eigne Confession beschrieb dieser Prediger dahin: „Evangelisch bedeute vor Allem in dem Geiste und Sinne der Zeit stehn, welche die neue ist, die mit der Reformation angefangen habe," — „Evangelisch heiße die großen sittlichen Interessen im Sinne der fortschreitenden Weltgeschichte vertreten." Es ist dies alles nichts neues. Aber hier wurde diese Schmach der Evangelischen Kirche offen gelegt vor den Römisch-katholischen Gliedern des Parlaments und vor den Vertretern der Regierung, und es erfolgte kein Widerspruch weder von Seiten des neuen Cultministers noch von Seiten des Reichskanzlers, die beide anwesend waren. Der Widerspruch war um so nöthiger, da der Prediger, der Professor und die beiden Juden auf Seiten der Regierung standen, indem sie für deren Schul-Aufsichts-Gesetz sprachen und stimmten. Dagegen klagte der Reichskanzler nachher im Herrenhause über „den der Regierung ganz unerwarteten Widerstand der conservativen Parthei Evangelischer Confession" gegen das Gesetz. So fremd war der Regierung was im innersten Herzen der Evangelischen Kirche, in ihren treuesten Gliedern, so schmerzlich sich regte.

Aber dennoch fehlt auch der Trost nicht. Hand in Hand, wie gesagt, sind auch in dieser wichtigen Sache Evangelische und Katholiken mit einander gegangen. Besonders hat das schwarze

Centrum, — das, so viel dem Verfasser dieser Schrift bekannt, keine Spur von Polonismus an sich hat, — im Abgeordnetenhause, und im Herrenhause ein jetzt vereinzelt dastehender ehrwürdiger Rest des alten conservativen Stammes durch tüchtige Reden sich hervorgethan. So traurig, so gefährlich solche überstürzte Maaßregeln wie das Lutzische und das Schul-Inspections-Gesetz auch sind, — eine hocherfreuliche und hochwichtge Folge werden doch diese, wenngleich verlorne Schlachten haben. Denn daß überhaupt Katholiken und Evangelische gemeinsam gekämpft haben für eine so gute Sache, und zwar auf beiden Seiten wesentlich solche, denen ihre Kirche und ihr Christenthum ernst und gründlich am Herzen liegt, — gemeinsam gekämpft für das gemeinsame gute Recht ihrer Kirchen, — das ist selbst ein Erfolg, der nicht hoch genug angeschlagen werden kann. Neu ins Licht gestellt und tief in die Herzen geprägt wird durch diese Gemeinschaft des Kampfes die uralte, die ewige Wahrheit, daß die Kirche Gottes nur Eine ist, alle Getauften nur Ein Leib an dem einen göttlichen Haupte, — ungeachtet aller, wenn auch noch so schmerzlicher, Spaltungen. „Unam sanctam catholicam" — so bekennen wir immer wieder gemeinsam an unseren Altären, — wie wir auch nachher auseinandergehen mögen über die näheren Bestimmungen. Was aber ist wohl mehr geeignet zu verbrüdern und zu vereinigen zur Einheit des Denkens, Fühlens und Lebens als der gemeinsame Streit für ein und dieselbe gute Sache gegen dieselben, keck andringenden gemeinsamen Feinde unsres gemeinsamen allerheiligsten Glaubens. Denn nicht der Kampf zwischen Evangelischen und Katholiken ist der wesentliche Inhalt der großen Krise unsrer Tage, sondern der Kampf für und wider das Königreich Gottes, der Kampf derer, die wollen, und derer, die nicht wollen, daß Christus über sie herrsche. Die Armeen von Preußen, Baiern und Sachsen wissen sich verbrüdert durch Wörth, Sedan und Paris, — was ist aber Wörth Sedan und Paris im Vergleich mit dem Einen, Dreieinigen

Gott, — mit der Einheit, die den heiligen Apostel Paulus begeistert hat zu dem Ausrufe: „Ein Gott und Vater unser aller, der ist über uns alle und durch uns alle und in uns allen."

Es wird allerdings dieser eigentliche Kern der Krise des Tages auf beiden Seiten, auf der Evangelischen wie auf der Katholischen, noch nicht klar erkannt. Als 1812 die Preußen ihren besten Freund, Rußland, unter den Fahnen ihres ärgsten Feindes, des Bonaparte, bekriegten, da war dieses Verhältniß auch noch nicht jedem Preußen klar. 1813 dagegen, an der Katzbach und bei Leipzig, da unterschied jeder Preuße zweifellos Freund und Feind. Für die Evangelischen und für die Katholiken, die jetzt noch auf einander losschlagen, wird bald — das dürfen wir hoffen — ihr Heilsjahr 1813 und in diesem Heilsjahre ihre Katzbach und ihr Leipzig ihnen aufgehen. Dann wird Wetteifer und brüderlicher Streit noch immer stattfinden, aber Freund und Feind werden sich erkennen und nicht mehr im Finstern auf einander losschlagen. Und zu diesem gesegneten Erfolge werden Maaßregeln der Reichs- nnd der Preußischen Regierung, wie die von Juli 1871 bis Juni 1872, wenn solcher noch mehrere nachfolgen, wie schon jetzt vor Augen, immer mächtiger mitwirken, so sehr wir sie auch im Interesse des Reiches und Preußens bedauern müssen.

In diesen Schul-Inspections-Verhandlungen ist Katholische Religion und Polnische Nationalität in Verbindung mit einander als Motiv für die ausschließliche Staatsaufsicht über die ganz oder zum Theil Polnischen Schulen geltend gemacht worden. Die Polen erschienen wie die Katholiken als Gegner der Regierung. Nationalität ist ein Staaten bildendes Prinzip — obschon nicht das höchste Staaten bildende Prinzip. Dem obersten Prinzipe, welches fest begründet ist in Gottes Schöpfungen und Geboten, — der Obrigkeit und dem Rechte aus Gott — hat das Nationalitäts-Prinzip tief sich unterzuordnen. Aus dem Rechte und der Macht der Obrigkeiten entstehen erst die Nationalitäten, wie aus den Vätern die Familien, nicht umgekehrt. Das hiernach an sich wahre Nationalitäts-Prinzip wird aber zum krassen Egoismus im großen Stil, wenn es für die eigne Nationalität ausschließend geltend gemacht, wider fremde Nationalitäten dagegen prinzipiell-feindlich („erbfeindlich") gewendet und schwachen oder unterworfenen Nationalitäten gegenüber, denen dasselbe Prinzip doch eben so zur Seite steht, rücksichtslos gering geachtet oder verletzt wird. Ein schöner Schmuck wäre es für das neue Deutsche Kaiserthum nicht minder als für das jetzige Oestreichische Kaiserthum, wenn unter jeder dieser Kaiserkronen nichtdeutsche Nationalitäten Schutz und Befriedigung auch ihrer Rechte, Sprachen und Eigenthümlichkeiten fänden. Das alte Römische Reich Deutscher Nation hat stets solchen Schutz und solche Befriedigung andern Nationalitäten gewährt. Den Nordschleswigern sind im Prager Frieden überdieß noch weitere Rechte in Aussicht gestellt. Die Befriedigung der fremden dem neuen Deutschen Reiche unterworfenen Nationalitäten ist aber auch ein Bedürfniß des Reichs selbst im Interesse seiner Einheit, die noch neu und schwach ist und empfindlich gestört wird durch begründete Unzufriedenheit der dem Reiche angehörigen Dänen und Polen — ähnlich wie durch die Unzufriedenheit der 1866 annectirten Länder. Vergessen wir nicht die Worte des erhabnen Vaters unsres jetzigen Kaisers, des Königs Friedrich Wilhelm des Dritten, an seine Polnischen Unterthanen, die er öffentlich und feierlich aussprach am Tage der Besitzergreifung, dem 15. Mai 1815, einen Monat vor Belle-Alliance, wo die Preußischen Polen, wie 1870 und 1871, mitschlugen. Der versöhnliche Geist, der in diesem Manifeste weht, deutet den rechten Weg an, die Wunden der nördlichen und der Ostgrenze des Reichs zu heilen. „Auch Ihr" — so sprach der König*) — „habt ein Vaterland; Ihr werdet

---

*) Siehe Gesetzsammlung von 1815, pag. 47.

meiner Monarchie einverleibt ohne Eure Nationalität verleugnen zu dürfen. — Eure Religion soll aufrecht erhalten und für eine standesmäßige Dotation ihrer Diener soll gewirkt werden. — Eure Sprache soll neben der Deutschen in allen öffentlichen Verhandlungen gebraucht werden und jedem unter Euch soll nach Maaßgabe seiner Fähigkeiten der Zutritt zu den öffentlichen Aemtern des Großherzogthums, sowie zu allen Aemtern, Ehren und Würden Meines Reichs offen stehn. Mein unter Euch geborner Statthalter wird bei Euch residiren. Er wird mich mit Euren Wünschen und Bedürfnissen und Euch mit den Absichten Meiner Regierung bekannt machen."

Jetzt ist Posen, Westpreußen und Oberschlesien, so weit diese Länder polnisch sind, eine blutende Wunde in der Ostseite des Deutschen Reichs, wie Irland für England. Daß so ihn die jetzige Preußische Regierung ansieht, ist zu entnehmen aus ihrer antipolnischen Motivirung des Schul-Inspections-Gesetzes. Aber diese blutende Wunde könnte in einen Rubin in der deutschen Kaiserkrone sich verwandeln, wenn Preußen die Polen im Geiste der Verheißungen König Friedrich Wilhelms des Dritten regierte.

Alles obige jedoch — Ermeland, Elsaß, Gesetz Lutz, selbst Schul-Inspections-Gesetz — alles dies verschwindet gegenüber der Action, welche im Mai 1872 begann und im Juni sich vollendete in dem Schlage, der zunächst die Jesuiten traf, — aber nicht die Jesuiten allein sondern die gesammte Katholische Kirche, und nicht diese Kirche allein, sondern die gesammte christliche Kirche, und wohl am empfindlichsten und am gefährlichsten die Deutsche Evangelische Kirche.

Am 14. Mai 1872 versicherte der Reichskanzler im Reichstage — in derselben Rede, in welcher er die hohe Bedeutung der Macht des Papstes für das Deutsche Reich geschildert hatte — wörtlich: „Die Regierungen des Deutschen Reiches suchen emsig, suchen mit der ganzen Sorgfalt, die sie ihren Katholischen wie ihren Evangelischen Unterthanen schuldig sind, nach den

Mitteln um in einer möglichst friedlichen, in einer die confessionellen Verhältnisse des Reichs möglichst wenig erschütternden Weise zu einem annehmlicheren als dem jetzigen Zustande auf dem Wege der Reichsgesetzgebung zu gelangen". Er fügte hinzu: (wörtlich) dies solle „in einem für die Gewissensfreiheit durchaus schonenden Wege und in der zurückhaltendsten zartesten Weise" geschehn, so daß sorgfältig „alle unnöthigen Erschwerungen die aus dem Mangel der richtigen Formen hervorgehn", vermieden und „die confessionellen Empfindungen „„auch solche die wir nicht theilen"" in schonendster Weise behandelt werden". Freundlichere und befriedigendere Versicherungen sind nicht denkbar. Es erforderten aber auch schon die theuersten Interessen des Vaterlandes das Innehalten einer so gerechten und weisen Politik. Allein schon am Tage darauf, am 15. Mai, begann die schnurstracks entgegengesetzte Action.

Es waren massenhafte Petitionen für die Jesuiten beim Reichstage eingegangen, so beispiellos massenhaft, daß man sie buchstäblich nach Centnern wog. Wie wohl begründet die Besorgnisse waren, welche sie veranlaßt hatten, das hat der Erfolg gelehrt. Männer aller Stände, von dem vornehmsten bis zum geringsten, Männer in öffentlichen Aemtern und Stellungen — aus allen Staaten und Gegenden des Reichs — legten darin Zeugniß ab für die Jesuiten, zum sehr großen Theil aus eigner unmittelbar-persönlicher Kenntniß und Erfahrung. Hat es je nach Quantität und Qualität gewichtige Petitionen gegeben, so waren es diese. Die liberalen Partheien haben das Petitionsrecht stets besonders hochgehalten, und in die Preußische Verfassungs-Urkunde ist es Artikel 32 förmlich als ein Recht „aller Preußen" aufgenommen und auch in der Reichs-Verfassungs-Urkunde Artikel 23 für das Deutsche Reich anerkannt.

Diese Petitionen und eine verhältnißmäßig sehr kleine Zahl von Gegen-Petitionen bildeten am 15. und 16. Mai den Gegen-

stand der Verhandlung. Kein amtlicher Vertreter der Reichs=
Regierung erschien.

Die Petitionen für die Jesuiten wurden von den Partheien,
die jetzt mit der Regierung gehn, leichthin bei Seite geworfen;
— sie seien „gemacht", „man wisse wie so etwas zu Stande
komme" u. s. w. Es wurde damit auf geistliche und andere ähn=
liche Einflüsse hingedeutet, — als ob Kundgebungen, die, ohne
solches „Machen", aus planlos zusammenkommenden Kopfzahlen,
hervorgehen, höheren Werth hätten, während doch gerade diese
als unorganisch und zufällig ohne Werth sind, jene aber, die
von mannigfachen Autoritäten über der Menge veranlaßt sind,
die Macht und Bedeutung dieser Autoritäten darstellen — die
Macht und Bedeutung, die allein geeignet ist, die Massen zu
organisiren und ihnen ein Element von Persönlichkeit zu gewähren,
und sie von flottirendem Pöbel zu unterscheiden. Es ist immer
wieder der tiefe Irrthum unserer Zeit, welcher freie Persönlichkeit
aus dem bloßen Beseitigen von Einflüssen herleiten will, wäh=
rend doch die rechten Einflüsse wesentliche und Haupt=Elemente
aller wahren menschlichen Persönlichkeit und Freiheit sind.

Auf den verständigen Antrag eines katholischen Reichstags=
mitgliedes, des Regierungsraths von Mallinkrodt, amtliche
Ermittelungen über das Thun der Jesuiten zu veranlassen, wurde
nicht eingegangen.

Der Geheime Ober=Regierungsrath Wagener, dem Preußi=
schen Staatsministerium angehörig, trat zwar nur als Reichstags=
Mitglied auf, wurde aber doch, besonders in den späteren, den
Juni=Verhandlungen, als die Reichs=Regierung vertretend ange=
sehen wegen dieses seines Verhältnisses zum Reichskanzler. Er
hielt am 15. Mai eine äußerst heftige Rede gegen die Römische
Kirche und warf den Regierungen in deren Behandlung eine
„außerordentliche Schwäche und Nachsicht und ein unverantwort=
liches Gehenlassen" vor, — also doch wohl hauptsächlich der
wichtigsten unter ihnen, der Preußischen Regierung, nicht etwa

dem Herrn von Lutz. Gleichwohl wollte er "unverworren" bleiben mit denen, welche "Jesuiten! rufen aber Kirche und Religion meinen". Er erklärte sich mit Bestimmtheit gegen "all" das wüste und zwecklose Schreien gegen den Jesuitenorden und gegen das Austreiben der Jesuiten", also gegen das, was im Wesentlichen sechs Wochen später Gesetz wurde. "Ich würde", sagte er, "eine solche Maaßregel für vollkommen aussichts- und wirkungslos halten, nicht allein weil man kein äußerliches Kennzeichen hat, woran man einen Jesuiten erkennen kann, und man sie also bei der Ausweisung stempeln müßte, um sie bei der Rückkehr wieder zu erkennen, sondern auch, weil es immer Jesuiten gegeben hat, auch als der Orden aufgehoben und verboten war, und, wenn man sie heute unter einem Namen ausweist, sie morgen unter einem andern wiederkommen würden, sie auch nicht blos in langen Röcken einhergehen und in Profeßhäusern wohnen, sondern auch in Fracks und in chambres garnies".

Es passirte ihm in seiner Rede, daß er sagte: "Was ist denn das Gebiet des Staats? Hat er es mit etwas anderem zu thun als mit sich selbst und seinen Gesetzen? Ist er denn etwas anderes als eine weltliche Institution für weltliche Zwecke? Er machte damit der Majestät der Kaiser und Könige ein Ende und setzte sie tief herab unter die Hausväter. Denn Vaterschaft, Familie und Obrigkeit sind nicht bloß weltliche Institutionen zu weltlichen Zwecken; sie sind vielmehr auch göttliche Institutionen zu überweltlichen Zwecken, nämlich zur Erbauung und Erhaltung des Königreiches Gottes und zur Handhabung des göttlichen Gesetzes als des "Zuchtmeisters auf Christum, der des Gesetzes Ende ist", wie dies alles die heilige Schrift alten und neuen Bundes, besonders der heilige Apostel Paulus und nach ihm die Reformatoren so mächtig gelehrt haben. Und in dieser hohen überweltlichen Bedeutung der Familie und der Obrigkeit wurzelt die hohe Würde dieser Institutionen, die heilige Autorität des Vaters und die Majestät des Königs.

Eben diese Gotteswahrheiten liegen als tiefstes Prinzip und Fundament auch dem obrigkeitlichen Regimente der Evangelischen Kirchen zum Grunde.

Obiges mag eine Probe des Stils und Tons geben, in welchem zwei Tage lang im Mai und dann noch drei Tage lang im Juni die Katholische Kirche im Reichstage angegriffen worden ist. Man vergleiche diesen Stil und Ton mit der ängstlich-friedlichen, schonenden und zarten Behandlung, die der Reichskanzler Tags zuvor verheißen hatte.

Eine andere solche Probe mag aus der Reichstags-Rede des Herrn Windthorst-Berlin (nicht Meppen) entnommen werden. „Wir wissen" — sagt er am 15. Mai — „was es zu bedeuten hat, wenn wir den mächtigen Jesuitenorden, die gewaltigste Institution der großen Katholischen Kirche, die gewaltigste Organisation der ganzen Welt, heute vor unsern Richterstuhl laden, um das Verdict der Deutschen Nation zu vernehmen. Wir werden uns dadurch nicht abhalten lassen, daß irre geleitete Gefühle eines Theils unserer katholischen Mitbürger darauf verletzt werden können. — Ich erhebe gegen den Jesuitenorden die fünffache Anklage, daß er staatsgefährlich, reichsgefährlich, culturgefährlich ist, daß er den confessionellen Frieden zerstört, und daß er die Sittlichkeit und Bildung des Volkes gefährdet". — Mitten unter den heftigsten Schmähungen gegen die Jesuiten sagte er weiterhin: „Es ist das unsterbliche Verdienst der Jesuiten gewesen, daß sie den Kampf aufgenommen und siegreich durchgeführt haben, den Kampf der menschlichen Würde und Freiheit gegen die Idee der Unfreiheit und Prädestination und gegen die Lehrmeinungen des damals mächtigen Dominicanerordens und der Jansenisten, und daß sie die entwürdigende streng Augustinische Lehre modificirt und den Semipelagianismus zur herrschenden Lehre der Katholischen Kirche erhoben haben". Es scheint hiernach, er will sagen: die Jesuiten sind rationalistisch, — und darum wären sie freizusprechen —, aber sie sind nicht rationalistisch genug, — und darum müssen sie verurtheilt werden. Sein Resultat ist, daß er ausruft mit den Französischen Feinden der Kirche: „es bleibt nur Ein Mittel: Écrasez l'Infame."

So weit ist es im Deutschen Reichstage gekommen. Es ist damit das äußerste Gegentheil der Zusage des Reichskanzlers am Tage vorher erreicht. Aber die Regierung schwieg.

Hinter allem diesem Wüthen steht die reichsregierungsfreund= liche, antijesuitische Tagespresse. Auch diese ist, wie viele Jesuiten= feinde im Reichstage, zum großen Theil nicht blos jesuitenfeind= lich, sondern auch consequent bitter=feindlich gegen die Katholische Kirche, und ebenso consequent bitter=feindlich gegen jede Aeußerung Evangelischen Glaubens und Lebens und Evangelischer Zucht, so oft eine solche in der Evangelischen Kirche hervortritt. Daher die sehr bezeichnende als Schimpf gemeinte Benennung: Protestan= tische Jesuiten für diejenigen Protestanten, welche die Lehre und Ordnungen ihrer Kirche treu festhalten, — eine Benennung, die auch im Reichstage mehrfach erklang.

Diese consequente streitbare Entschiedenheit gegen alles Chri= stenthum ist selbst eine Art subjectiven Glaubens, und in sofern eine die lauen Christen beschämende Tugend. „Ach! daß du kalt oder warm wärest" — ruft der Mund der Wahrheit den Laodi= ceern zu — „weil du aber lau bist und weder kalt noch warm, so werde ich dich ausspeien aus meinem Munde!"

Wenn nun in der Presse und in den Parlamenten die offne Feindschaft gegen das Christenthum in so schamloser Weise sich breit machte in den Reihen derer, die mit der Regierung gehen und auf welche die Regierung sich stützt in ihren kirchlichen Maaß= regeln und Gesetzen, — hatten unter solchen Umständen die Christen des Reichs nicht Anspruch darauf orientirt zu werden durch einen unzweideutigen christlichen Protest der Regierung und auf deren Lossagung von solchen falschen Freunden? Aber kein solches Wort wurde in jenen Mai= und Junitagen gehört.

Von Feinden der Jesuiten vernahm man zwar im Reichs=

tage immer wieder die Versicherung: nur die Jesuiten, nicht aber die Katholische Kirche, seien der Gegenstand ihrer Angriffe. Aber diese Versicherung wurde eben so oft nullificirt durch die sofort folgende Versicherung: die ganze Katholische Kirche, Papst, Bischöfe, Orden, und alles werde beherrscht und sei vergiftet durch die Uebermacht der Jesuiten, eine Behauptung, die niemand zu beweisen suchte und die, so weit die vieljährigen persönlichen Erfahrungen des Verfassers dieser Schrift reichen, grundfalsch ist.

Das Resultat war also und blieb: ein leidenschaftlich Sturmlaufen auf die Katholische Kirche, die im Reich, in Preußen und in fast allen Staaten des Reichs förmlich anerkannt ist, deren Rechte feierlich garantirt sind in den meisten Staaten des Reichs, namentlich in Preußen, und der der Reichskanzler soeben öffentlich gerechte und sogar zartschonende Behandlung zugesagt hatte.

Der Verfasser dieser Schrift lehnt es ab, in Beleuchtung der Anklagen gegen die Jesuiten zurückzugehen in die Geschichte der Jahrhunderte. Wäre dieß seine Aufgabe, — eine Aufgabe nicht für Staatsmänner und Parlamentsredner als solche, sondern für die Wissenschaft, — so würden die entgegengesetztesten Zeugnisse aus drei Jahrhunderten zu prüfen sein, — Lob und Bewunderung auf der einen, — Tadel und Abscheu auf der anderen Seite, — eine lange Reihe von Päpsten für, dann Ein Papst wider, dann wieder vier Päpste für die Jesuiten, — der tief innerliche Pascal im siebzehnten Jahrhundert entschieden wider, nicht minder entschieden für der ebenfalls innerliche, milde, geistlich gesinnte Bischof Sailer*) im achtzehnten und neunzehnten Jahrhundert, — auf der einen Seite der Voltärisch gesinnte König Friedrich der Zweite für, auf der anderen Seite wider sie die katholischen Regierungen des achtzehnten Jahrhunderts in Portugal, Spanien, Frankreich und Italien, — Re=

---

*) Er war selbst seit 1770 Jesuiten=Novize, und wurde vom Eintritt in den Orden nur durch dessen damals (1773) erfolgte Aufhebung abgehalten.

gierungen, die — zum Theil grausame Verfolger der Jesuiten — damals auf den Wegen der französischen Religionsspötter dem Abgrunde der Revolution von 1789 entgegen eilten.

Ein Theil dieser schroffen Gegensätze löst oder mildert sich, wenn man erwägt, daß Institutionen, insbesondere Corporationen, Aemter und Würden, Religions= und politische Partheien, welche Jahrhunderte überdauern, mannichfachen Veränderungen ihres Characters durch Zeit, Ort und Umstände unterliegen, selbst wenn sie noch so sehr ihre Einheit festzuhalten streben und noch so abgeneigt sind, ihre Wandelungen anzuerkennen. Was haben die Protestanten der Zeiten Luthers, Calvin's, Knox's u. s. w. — in ihrem dogmatischen Glaubensfeuer, womit sie erobernd die Christenheit entzündeten — für Aehnlichkeit mit den heutigen Protestanten=Vereinen, die wohl am liebsten mit allem und jedem Dogma verschont blieben? Was die heutigen königlich=Preußischen Johanniter mit den „Knechten der Armen Jesu Christi und Hütern des Hospitals in Jerusalem" im zwölften Jahrhundert? Was das alte Deutsche Reich, ge= stiftet und gegründet auf den Felsen der Kirche Gottes mit dem neuen Deutschen Reich und seinen gleichberechtigten Juden, seinen Kopfzahlwahlen, seinem Constitutionalismus und seinem Nationalliberalismus?

Auch das Papstthum hat seine Wandelungen erfahren, von dem heiligen Petrus, als erstem Bischof in Rom, zu Gregor dem Siebenten, von diesem zu Innocenz dem Dritten, von diesem zu Leo dem Zehnten, — und von dem ersten Pius zu dem neunten Pius.

Es ist daher von vorn herein anzunehmen, daß die Jesuiten andere gewesen sind im sechszehnten Jahrhundert gegenüber dem jungen kühn herausfordernden Protestantismus, — andere im siebzehnten, gegenüber dem innig=mystischen streng ascetischen Jansenismus, — andere im achtzehnten Jahrhundert, König Friedrich dem Zweiten, Voltäre und den frivolen und atheistischen

Encyclopädisten gegenüber, — andere endlich der heutigen revolutionären Kirchenstürmerei gegenüber, — andere an den Höfen von Lissabon, Madrid, Wien und Paris, — andere in den Sterbe- und Krankenstuben der Armen, in den Lazarethen der Verwundeten und der Inficirten — andere als Missionare in China und Japan, — oder väterlich regierend in ihren Missionen in Paraguai die von ihnen bekehrten Indianer, — andere in England gehangen und geviertheilt unter Königin Elisabeth, — andere, als gedrängt von den aufgeklärten Ministern Pombal, Aranda, Choiseul und Tanucci Papst Ganganelli sie aufhob, — wieder andere, als Papst Pius der Siebente, — selbst erst befreit und nach Rom geführt durch Russische, Englische, Preußische und Oestereichische Siege, — sie herstellte, — noch andere endlich jetzt, wo das neue Deutsche Reich sie und die verwandten Orden verfolgt, und die Energie des Ernstes und der Liebe der Katholischen Kirche, wie nie zuvor, sich um sie schaart und mit und in ihnen ihre Kirche vertheidigt.

In diesem Sinne haben die Jesuitenfeinde Recht, wenn sie behaupten, und die Reichs-Regierung nicht Recht, wenn sie leugnet, daß jetzt Jesuitismus und Katholicismus in Eins zusammenfließen. Die Reichs-Regierung selbst ist damit beschäftigt, dieses Zusammenfließen zu vervollständigen, durch die Maaßregeln gegen die Jesuiten, von denen jetzt die Zeitungen voll sind, und die auf Schulbrüder und Schulschwestern ausgedehnt werden.

Auch auf die allgemeinen Vorwürfe gegen die Römische Kirche und auf die Römischen Gegenvorwürfe — die jetzt leidenschaftlich erneuert werden und viele Jahrhunderte umfassen, — in einer Schrift, wie diese, einzugehen, hat deren Verfasser keinen Beruf, wenn er auch die Fähigkeit dazu hätte. Nur als Beispiele mögen folgende Ueberschriften von Streitpuncten gelten, die durch diese Vorwürfe und Gegenvorwürfe berührt werden: die angestrebte Weltherrschaft der Päpste und andererseits die aus der Reformation hervorgegangene Kriege und Revolutionen, — die Päpstlichen Verbote der Bibelgesellschaften und Luther's Verbrennen des corpus juris canonici, einschließlich der darin enthaltenen ehrwürdigen Aussprüche der ältesten Väter — die Päpstliche Verdammung der Reformation und der Heidelberger Katechismus, der die Römische Messe eine vermaledeite Abgötterei nennt, — die Römischen blutigen Ketzer-Verfolgungen und Inquisitions-Urthel und, als Folge der Reformation, der Bauernkrieg und die Greuel in Münster — die Königin Maria Tudor, welche einen protestantischen Erzbischof, fünf Bischöfe, ein und zwanzig Prediger und hunderte von Laien verbrennt, und ihre Schwester, die Königin Elisabeth, welche Römische Priester aufhängt und viertheilt, u. s. w.

Sehr empfehlenswerth ist für solche Erörterungen beiden Theilen des Herrn treuer Rath: „Du Narr, ziehe zuvor den Balken aus deinem Auge, und dann besiehe, wie du den Splitter aus deines Nächsten Auge ziehst." Dieses Wort soll die Eiferer zur Mäßigung stimmen und dann zur unpartheiischen Gerechtigkeit. Die Protestanten aber, solche besonders, die ergrimmt sind wider Ketzerverfolgungen und Inquisition — die nicht unseren Zeiten, sondern vergangenen Zeiten angehören — mögen bedenken, was in derselben Richtung von Protestanten geschehen ist. Weil der Spanier Servet in seinem Buche: „de trinitatis erroribus" die Dreieinigkeit leugnete, wurde er 1534 in Genf durch langsames Feuer hingerichtet, unter Mitwirkung Calvins, dem der milde Melanchthon dazu seinen dankenden Beifall in einem Briefe aussprach. Und als ein Hessischer Prediger Thamer 1556 das Christenthum auf bloße Moralvorschriften reducirte und unter dem „Worte" von welchem Johannes sagt, daß es „im Anfange" war, auch nur eine Lehre verstand, forderte Melanchthon auch für diesen die Todesstrafe. Seine Worte sind: „non solum refutandus est doctrina, sed etiam a piis magistratibus supplicio afficiendus." — Bei Sylvan, einem Pfälzer Prediger, wurde ein Aufsatz gefunden mit der Ueberschrift: „Wider den dreipersönlichen Abgott und den zweinaturten Götzen." Er wurde deshalb am 24. December 1572 auf dem Markte in Heidelberg enthauptet nach einem Urtheil des eifrig calvinisch-reformirten Kurfürsten Friedrich. Der ihm gleichgesinnte Prediger Neuser entkam nach Constantinopel, wo er Muhamedaner wurde, sich beschneiden ließ und den Sultan anzureizen versuchte zur Eroberung von Deutschland, — indem daselbst das Volk zwieträchtig in der Religion sei und in Folge dieser Zwietracht in weiten Kreisen nichts mehr glaube — um daselbst die wahre Religion einzuführen.*)

Glühender Eifer für Recht und göttliche Wahrheit ist eine herrliche christliche Tugend. Aber des Herrn Wort vom Balken im eigenen Auge ist selbst göttliche Wahrheit für die wir eifern sollen, und eben so das andere Wort der Bergpredigt: „Alles was ihr wollt, das euch die Leute thun sollen, das thut ihr ihnen, — das ist das Gesetz und die Propheten." Also: Tapferes Parthei-ergreifen, mit Beseitigung aller Gleichgültigkeit und Zweifelsucht, — aber zugleich gewissenhafte Unpartheilichkeit, — denn diese ist die edelste und höchste unter allen Partheitugenden!

Die Fragen, zu welchen die berührten Thatsachen anregen, sind hochwichtige, auch heute noch practische und brennende Fragen, sehr geeignet gründlich — weit hinaus über das Maaß einer Schrift wie die gegenwärtige — erörtert zu werden von Theologen, Staats- und Criminalrechtslehrern und Geschichtsschreibern. Diese alle haben in dieser Erörterung die Begriffe „Obrigkeit und Königreich Gottes" eingehend zu ergründen und zu entwickeln, wenn sie solide Resultate finden wollen, — Begriffe, welche das göttliche Wort Alten und Neuen Bundes so mächtig durchtönen, jetzt jedoch allzusehr zurücktreten hinter die, alle Zeitungen füllenden Worte: Staat und Kirche.

Evangelische Christen sollten jedoch nicht Hand in Hand mit

---

*) Vergleiche Guerikens Kirchengeschichte und K. Adolf Menzels Neuere Geschichte der Deutschen.

Juden, oder mit Gliedern der Protestanten-Vereine darüber disputiren. Diese Erörterungen gehören vor diejenigen, welche gemeinsam die Fundamente des Christenthums — die Thatsachen und Lehren des Apostolischen Symbols — bekennen und glauben.

Wie man aber auch jene Fragen entscheide — vergessen darf nicht werden, daß über sie drei Jahrhunderte und in Deutschland auch die Reichsfriedensschlüsse, die Reichs- und die Landesgesetze und die Verfassungsurkunden hinweg gegangen sind. Die Preußische Verfassungsurkunde insbesondere versichert der Katholischen Kirche ihren gesammten status. Derselbe durfte ihr also durch Reichstagsverhandlungen und Reichsbeschlüsse von 1872 nicht gestört werden, auch abgesehen von der klar zu Tage liegenden Incompetenz des Reichs in Religionssachen.

Der Syllabus ist im Wesentlichen eine Päpstliche Erklärung gegen das revolutionär-liberale religionslose Staatsideal der jetzigen Zeit, in welchem Ideal viele widerchristliche und gefährliche Irrlehren enthalten sind, aber doch auch Wahrheiten, wie überhaupt im Liberalismus. Dieser Syllabus, der durch scharfe und klare Abfassung sich nicht auszeichnet, ist ein legitimer Gegenstand Protestantischer und staatsrechtlicher Kritik und Polemik, auch wohl, in gewissen Schranken, Katholischer Kritik und Polemik. Gegen das gute Recht aber der Katholischen Kirche im Reich ist aus dem Syllabus nichts herzuleiten. Er ist nicht staats- oder reichsgefährlich. Er ist schon 1864 publicirt worden. Preußen hat, ohne Einwendungen gegen den Syllabus zu machen, seitdem sein friedliches und freundliches Vernehmen mit dem Papst und seiner Kirche fortgesetzt bis 1871. Der förmliche und feierliche oben angeführte Ausspruch unseres Königs über das Recht der Katholiken Preußens auf Schutz des Papstes ist 1867, drei Jahre n a ch dem Syllabus, erfolgt. Der Reichskanzler hat erklärt, mit Beziehung auf das Vaticanische Dogma, daß dogmatische Wandelungen der römischen Kirche Preußen nicht berühren.

Und unmittelbar vor dem Ausbruch der Jesuiten-feindlichen Action im Reichstage hat der Reichskanzler, wie schon erwähnt, den Katholiken gerechte und freundliche Behandlung — und selbst zarte Schonung ihrer Empfindungen — so ausführlich und bündig zugesagt, daß dieser Zusage nichts fehlt als die Ausführung.

Streitende Partheien sollen einander nicht einseitig angefertigte Sündenregister bis hinauf in eine unbestimmte Zeit entgegenwerfen. Das ist der Weg sich selbst zu verblenden und böse Leidenschaften zu entflammen, nicht aber der Weg zu gerechten Urtheilen und weisen staatsmännischen Entschließungen. So rückte man vor dem Kriege 1866 Oestreich seine wirklichen oder angeblichen Sünden vor bis ins Mittelalter hinauf, — selbst Kaiser Friedrich Barbarossa gegenüber Heinrich dem Löwen wurde citirt, — „sei jener kein Habsburger gewesen, so doch ein Süddeutscher". Oestreichische Schriftsteller haben damals vielleicht ähnlich Preußische Sünden verzeichnet und summirt. Was durch Friede und Freundschaft abgemacht ist zwischen zwei Mächten, das muß abgemacht bleiben. So erfordert es die Gerechtigkeit und die Ehre der Staatsmänner und der Könige.

Es hatte also nach allem diesen jetzt der Deutsche Jesuit als solcher vollverbürgtes Deutsches, resp. Preußisches, Heimathsrecht mit allen daraus fließenden Rechten. Er mußte als Deutscher und als Preuße behandelt werden, wie jeder andere Deutsche und Preuße. Die Reichsregierung durfte nicht mit ihm machen was sie wollte und wofür irgend eine parlamentarische Parthei die Majorität im Sturmschritt davon trug.

Es ist möglich, vielleicht wahrscheinlich, daß bald die Zeit kommt, wo man Communisten oder Fortschrittsleute oder Demokraten oder Nationalliberale als solche u. s. w. für Reichsfeinde oder doch für reichsgefährlich erklären wird nicht ohne guten Schein, — vielleicht nicht ohne guten Grund. Sollen dann diese alle, incl. der Anti-Jesuiten-Redner des Reichstags, so behandelt werden wie jetzt die Jesuiten und die „verwandten" Orden — kurzer Prozeß, kein

Beweis und in wenigen Tagen ein neues Verbannungs- und Verfolgungs-Gesetz in den Händen der Polizei und von ihr schonungslos ausgeführt weit über seinen Wortsinn hinaus? Sind die uralten Garantien der Huldigungs-Reversalien und die neuen Garantien der Verfassungs-Urkunden nichts mehr? Der Katholischen Kirche sind durch die Preußische Verfassungs-Urkunde ihre Anstalten und Stiftungen, — also auch ihre Orden — speciell versichert. Ueber alle diese unzweifelhaften Rechtsnormen setzen die heutigen Jesuiten-Verfolger sich leicht hinweg. Wie begründeter Kritik auch die declamatorischen Freiheits-Phrasen der Verfassungs-Urkunden unterliegen — von solchen Phrasen ist hier nicht die Rede, sondern von klaren Versicherungen wohl erworbener Rechte, also gerade von dem zugleich unzweideutigsten, unverfänglichsten und achtungswerthesten Theile dieser beschworenen Urkunden.

In Frankreich haben in den 1790er Jahren alle Partheien nach einander ihre Häupter unter das Fallbeil gelegt. Es ist nicht zu wünschen daß wir denselben Weg gehen.

Keinem Deutschen Jesuiten ist in diesen Reichstagsverhandlungen aus den acht und fünfzig Jahren seit der Wiederherstellung des Ordens das mindeste Vergehen oder auch nur die mindeste Ungehörigkeit nachgewiesen oder auch nur Schuld gegeben worden. Insbesondere haben die Organe der Regierung, die nachher in den Junitagen das Wort genommen, nicht einmal angedeutet, daß die Regierung im Besitze auch nur Einer solchen Thatsache sei. In den Maidebatten war — wie oben erwähnt — die Regierung als solche gar nicht vertreten, und Herr Wagener, den man allenfalls als einen wenn auch nicht amtlichen Vertreter der Regierung ansehen konnte, sprach sich am 15. Mai gegen die Jesuitenverfolgung aus. Wäre aber auch Einem oder mehreren, oder selbst vielen Jesuiten dergleichen nachgewiesen, so würde dieser Nachweis doch nur diesen Einen oder diese mehrere oder viele treffen. Eben so wenig aber ist dem Orden als solchem etwas der Art nachgewiesen.

Alle Reichstagsreden liefen, was die thatsächliche Begründung betrifft, auf vage Behauptungen hinaus. So auch in der Presse. Man citirt Zeitungsartikel aus angeblichen Jesuitenblättern, ohne zu erörtern ob die citirten Blätter Jesuitenblätter wirklich sind, und ob der Orden, oder ob und welche einzelne Jesuiten und weshalb, dafür verantwortlich seien. Dringt man auf Thatsachen und Beweise, so bekommt man zur Antwort: es sei ja notorisch, — d. h. einer sagt es dem andern nach — daß die Jesuiten den Syllabus und die Encyclica, oder daß sie das Vaticanum, veranlaßt, — oder daß sie mit der Kaiserin Eugenie den Krieg von 1870 entzündet haben, — oder daß sie jetzt mit Frankreich den Revanchekrieg planen, — oder daß sie Carl den Siebenten mobil gemacht haben, — oder daß sie den Papst und alle Bischöfe in ihren Händen haben, — oder daß ihnen Preußen oder das neue Deutsche Reich oder der Reichskanzler nicht genehm ist, — „wer wird denn noch Beweis fordern für das was alle Zeitungen und alle Menschen sagen"?

Man mache sich klar, wie unter veränderten Umständen gegen die persönliche Sicherheit jedes Anti=Jesuiten=Redners oder =Schrift= stellers die Bezeichnung „liberal" oder „radical" oder „revolutio= när" auf das leichteste von jeder mäßig geschulten hohen oder niedern Polizeibehörde verwerthet werden kann, wenn sie so ver= fahren und es sich so bequem machen darf wie jetzt die Jesuiten= feinde.

Von Seiten der Vertheidiger der Jesuiten sind mit diesen heutigen tumultuarischen Proceduren die Karlsbader Beschlüsse von 1819 — und „Jesuit ist Jesuit" mit Herrn von Kampt's Wort: „Burschenschaft ist Burschenschaft" — verglichen worden, um das liberale Odium, welches auf jene Zeit gefallen, jetzt für die Jesuiten zu verwerthen. Aber dagegen muß doch Protest eingelegt werden im Interesse der Karlsbader Beschlüsse und des Herrn von Kampt. Was man auch von jenen Burschenverfol= gungen halten mag, jedenfalls waren sie ganz anders und viel besser motivirt als die heutigen Jesuitenverfolgungen. Sie bilden daher keinen Präcedenzfall für die Jesuitenverfolgung. Vielmehr geht die heutige Jesuitenverfolgung weit hinaus über jene Burschenverfolgung. Damals hatte der „Bursche" Sand Kotzebue ermordet und der Professor der Theologie an der Universität Berlin de Wette in einem öffentlich gewordenen Briefe diesen Mord gepriesen. Erst dann wäre die Analogie treffend, wenn etwa Herr Majunke von der Germania den Dr. Gneist ermordet und dann etwa der Bischof von Mainz die That gepriesen hätte als vollbracht „durch einen reinen frommen jungen Mann mit diesem Glauben und mit dieser Zuversicht"; so lauteten die Worte des de Wette'schen Briefes, — und wenn, was nicht der Fall, Herr Majunke oder der Bischof von Mainz Jesuiten wären.

Für die Jesuiten sind im Reichstage ihre Leistungen im Kriege als Seelsorger, auf Schlachtfeldern, in Lazarethen und dergleichen geltend gemacht worden und der Dank, den ihnen der Kaiser dafür ausgesprochen habe. Ihre Verfolger haben erwiedert: das sei nichts besonderes; das hätten andere auch gethan. Diese Antwort wäre treffend, wenn besondere Ansprüche auf jene Leistungen gegründet würden. Die Antwort geht aber fehl, da die Jesuiten nichts besonderes, vielmehr eben nur das gemeine Recht des Reichs begehren.

Ein Theil der Redner, die am heftigsten gegen die Jesuiten loszogen, drangen zugleich auf Trennung der Kirche von der Ehe, von der Schule und vom Staate, also auf eine völlige Entweihung des Reichs, — so Herr Windthorst-Berlin, derselbe, dessen Rede zum écraser l'Infame auffordert. In Belgien soll es unter freimaurerischen Einflüssen Verbindungen von Personen geben, die für ihr Bedürfniß Leichenwagen besitzen, auf deren schwarzen Tuchbedeckungen, wenn sie die Straßen von Brüssel durchziehen, man in großer Gold- oder Silberstickerei die Worte liest: „Point de prêtres — ni à la naissance — ni au mariage — ni à la mort".

Herr Peter Reichensperger theilte am 16. Mai im Reichstage mit, der Protestanten-Verein habe erklärt, sein Kampf werde geführt eben so sehr, ja! noch mehr, gegen die **Protestantischen Jesuiten** („sehr richtig" wurde darauf aus dem Reichstage gerufen), und in einer Versammlung auf dem Berliner Rathhause habe man diese Protestantischen Jesuiten sogar für die „**allergefährlichsten**" Jesuiten erklärt. Mit diesen Behauptungen stimmen viele Artikel überein in nationalliberalen — jetzt in dieser Jesuitensache und sonst regierungsfreundlichen — Zeitungen. Man meint damit wohl weniger wirkliche Verbindungen von Protestanten mit Jesuiten, als vielmehr ähnliche Gesinnungen und Tendenzen wie die sind, welche die Jesuiten haben, nämlich Rechtgläubigkeit im Sinne ihrer Kirche und Behauptung des Rechts und der Pflicht der Kirche ihre Bekenntnisse und ihre Disciplin in Lehre und Wandel aufrecht zu halten.

Diese Jesuitenfeinde, welche die Protestantischen Jesuiten nicht minder entschieden bekämpfen als die Katholischen, bezeugen damit die große Wahrheit daß der heutige Kampf gegen die Jesuiten in seinem Kerne ein Kampf gegen die Kirche Gottes überhaupt, und daß der Unterschied, ob er gegen Katholiken oder Evangelische sich richtet, nur Nebensache ist, — und diese Wahrheit sollten doch alle Evangelische recht gründlich beherzigen.

Aber warum hat auch nicht **einer** dieser **Protestantischen Jesuiten** — deren manche doch Glieder des Reichstages waren — seine Zeugen- und Bekennerstimme erhoben und sich bekannt zu den hohen, jetzt vor den Ohren des Reichstages geschmäheten Geheimnissen unseres gemeinsamen christlichen Glaubens in schönem Wetteifer mit den Römischkatholischen Bekennern — auch dann nicht die Stimme erhoben, als unsere hohen Güter — Ehe, Schule und Staat — mit Entweihung direct bedroht wurden, während die Reichs-Regierung stumm blieb, im Mai völlig stumm und im Juni beinah stumm? Bekennen ist eine erhabene Pflicht, und der Lohn des treuen Bekenners ist groß, besonders der Lohn in geistlichen Gütern. „So du mit deinem Munde bekennst Jesum, daß er der Herr sei, und glaubest in deinem Herzen, daß ihn Gott von den Todten auferwecket hat, so wirst du selig. Denn so man von Herzen glaubt, so wird man gerecht und so man mit dem Munde bekennt, so wird man selig," — so lehrt der heilige Paulus. Und „Wer mich bekennt vor den Menschen, den will ich wieder bekennen vor meinem himmlischen Vater." Das ist die Verheißung unseres gnadenreichen und herablassenden Herrn, dessen Verheißungen Ja und Amen sind. Im Reichstage war es nicht schwer zu bekennen. Nichts war zu riskiren als der Hohn der Mehrheit, der die Belohnung des Verhöhnten gleich mit sich führte. Aber je leichter das Bekenntniß der Wahrheit, desto schwerer die Schuld und Strafe des Verleugnens.

Ein solches gemeinsames Katholisch-Evangelisches Bekenntniß wäre ein Anfang gewesen der Herstellung eines christlichen Religionsfriedens im Reichstage und somit im Reiche.

Viertehalb hundert Jahre lang sind nun die Evangelischen, ungeachtet aller ihrer Schwächen und Spaltungen, ein gutes Salz gewesen, und sind es noch, für die gesammte Kirche Gottes. Der Herr wolle in Gnaden verleihen, daß dieses Salz in Deutschland nicht „dumm werde und zu nichts nütze als hinausgeworfen und mit Füßen getreten zu werden."

Das Ende der zweitägigen Berathung war am 16. Mai ein von Herrn Wagener mitbeantragter Beschluß, die Regierung zu ersuchen, ein Gesetz vorzulegen, welches „die staatsgefährliche Thätigkeit der Orden, Kongregationen und Genossenschaften, namentlich der Gesellschaft Jesu, unter Strafe stellt."

Auch auf diesen Beschluß erfolgte am 16. Mai keine Aeußerung der Regierung. Man konnte hoffen, daß die Regierung, da sie amtlich sich fern gehalten hatte von der wilden Verfolgungsjagd der beiden Maitage, noch einlenken würde in die am Tage vorher von dem Reichskanzler verkündete gerechte, freund=

liche und zart schonende Kirchen-Politik. Allein es sollte anders kommen.

Am 14. Juni, wenige Tage vor dem Schluß des Reichstags, eröffnete der Wirkliche Geheime Ober-Justizrath, Präsident der Justiz-Ober-Examinations-Kommission, D. Friedberg den zweiten Abschnitt der Jesuitendebatte, indem er den Entwurf eines Gesetzes vorlegte, „betreffend die Beschränkung des Rechts zum Aufenthalt der Jesuiten im Deutschen Reiche," der aber gleich den Jesuiten behandelte die den Jesuiten verwandten Orden und Congregationen." D. Friedberg sagte: die Zeit werde ausreichen um die „rechtliche Regelung" der Jesuiten „anzubahnen." Von den übrigen „Orden, Congregationen und Genossenschaften," die der Reichstag ebenfalls für „staatsgefährlich" erklärt hatte, sagte D. Friedberg in dieser Rede nichts. Er kündigte aber an, daß mit dem „autoritativen Ausspruche" des Reichstages, daß die Jesuiten „staatsgefährlich," die verbündeten Regierungen einverstanden seien. Was ein „autoritativer" Ausspruch sei — der Ausdruck ist ungewöhnlich — sagte er nicht. Einen für die Regierungen maaßgebenden oder verbindlichen Ausspruch kann er nicht gemeint haben; denn dieser Sinn seiner Worte würde die Rechte der Regierungen verfassungswidrig verletzen. Der „Weg der Strafgesetzgebung" jedoch, — den der Reichstag beantragt hatte — sei, sagte er, nach der Meinung der Regierungen zu „vermeiden, so lange noch mildere Mittel ausreichen." „Die Thätigkeit des Ordens in seinen einzelnen Mitgliedern störe den Frieden im Reich" und dem sei „im Wege des Hausrechtes" dadurch zu begegnen, daß — abweichend von dem „sonst allen anderen Deutschen Staatsbürgern zustehenden Rechte" — der „Friedensstörer," wenn er Jesuit, aus dem Orte der Störung „ausgewiesen" werde. Dieses sei zwar ein „großer Eingriff in die Freiheit." Aber man sei im Stande der Nothwehr." Es „werde zwar mit dem nicht zu rechten sein," der da sage, daß man „mit gar schwächlichen Mitteln den Reichsfeind zu be-

kämpfen suche; allein es sei ja eben nur ein provisorisches Noth=
gesetz." „Mit aller Energie dagegen weisen „wir" — so
drückte er sich aus — „den Einwurf zurück als sei dieses Gesetz
gemünzt gegen die katholische Kirche. Kein Gedanke liege dem
Gesetz ferner als der Gedanke einer Feindseligkeit gegen die ka=
tholische Kirche; „wir" wollen uns nicht den Orden der Jesuiten
mit der katholischen Kirche identificiren lassen."

Hiernach, insbesondere nach dem Zugeständnisse der „Schwäch=
lichkeit," konnte man hoffen, daß die Regierung einigermaaßen
schwanke und vielleicht die gerechten, billigen und zarten Erklä=
rungen des Reichskanzlers vom 14. Mai am Ende doch aufrecht
halten werde.

Es trat auch noch ein Moment hinzu nach dieser Richtung
hin. Herr Peter Reichensperger, bekanntlich ein Vorkämpfer
für die Jesuiten, hatte so eben unter seinem Namen eine Flug=
schrift ausgehen lassen! „Ueber das Verhältniß des
Staats zur Kirche im Hinblick auf die Jesuitende=
batte." Er beweist in dieser Schrift, daß der Reichstagsbeschluß
vom 16. Mai die in der Preußischen Verfassungs=Urkunde gewähr=
leisteten Grundrechte verletze, — daß dazu niemand mitwirken
dürfe, auch nicht im Reichstage, der den Eid auf die Preußische
Verfassungs=Urkunde geleistet hat, — und daß der Reichsgewalt
jede Competenz zur Regelung des Verhältnisses zwischen Kirche
und Staat fehle.

Diese Schrift mit ihrer scharfen rechtlichen Beweisführung
scheint auf D. Friedberg's als Juristen Gewissen einen tiefen
Eindruck gemacht zu haben. Denn er schließt seinen oben dem
wesentlichen Inhalte nach mitgetheilten Vortrag wie folgt: die
beste Mitgift für den von ihm empfohlenen Entwurf, wenn er
„ein Gesetz des Friedens werden solle," werde sein, daß er mit
„objectiver Ruhe debattirt" werde. Zu dieser Bitte habe ihn eine
gestern ausgegebene Brochüre (eben die obenerwähnte des Herrn
Reichensperger) bestimmt; denn — so fährt er wörtlich fort —

„sie behandelt die Jesuitenfrage, obgleich mit wissenschaftlicher Schärfe und mit aller Schärfe der Ueberzeugung, doch mit einer, ich möchte sagen, so vornehmen Ruhe, daß auch wer dem Inhalte der Schrift abgeneigt ist doch diese Ruhe und Objectivität bewundern und rühmen muß. Möchte diese Art, den schweren Gegenstand zu behandeln, mit welcher ein hochangesehenes Mitglied dieses Hauses ihn wissenschaftlich in seiner Schrift behandelt hat, der Leitstern auch für unsere mündliche Behandlung werden."

Es macht diese Mahnung der juristischen Unbefangenheit und Gewissenhaftigkeit des D. Friedberg Ehre. Er hat seinen Geist so offen und so empfänglich für die Wahrheit erhalten, daß er, obschon die Jesuiten für „staatsgefährlich" haltend, doch für die gute Sache des Rechts ein solches Zeugniß hat ablegen können gegen sein augenblickliches amtliches Interesse und gegen die wilde Strömung im Reichstage.

In der That ist die Schrift des Herrn Reichensperger in ihren wesentlichen Conclusionen unwiderleglich. Namentlich die Incompetenz des Reichs ist aus dem Buchstaben und Sinn der Reichsverfassungs-Urkunde und aus deren Entstehungs-Geschichte evident gemacht, und muß die Schrift jedem empfohlen werden, der über diese hochwichtige Rechtsfrage sich unterrichten will. Niemand hat im Reichstage auch nur den Versuch gemacht diese gründliche Rechtsausführung zu widerlegen. Denn das kann man doch nicht einmal Versuch einer Widerlegung nennen: das Reich sei in Noth, in Gefahr, es habe ein Recht zu leben, zu existiren, es sei im Kriegszustande, es sei angegriffen von einem mächtigen Feinde u. s. w. — alles ohne eine Spur von Beweis —, gegenüber der Thatsache, daß die Orden, gegen die man sich erhitzt, in Deutschland bisher ruhig und friedlich bestanden haben, der Jesuitenorden Jahrhunderte lang und nach seiner Wiederherstellung noch achtundfunfzig Jahre lang, ohne alle Noth und Gefahr für Deutschland. Die Glieder des Reichstages, vorzüglich die liberalen Glieder, sollten bedenken, daß unter solchen Vorwänden jedes Recht —, und namentlich jede Partei — von ihren Gegnern rasch und bequem kann ecrasirt werden durch die jeweiligen Machthaber. Der Sieg der Liberalen über die Jesuiten ist daher für die Liberalen kein Sieg, sondern ein eclatanter Bankerutt ihrer so oft mit der größten Schärfe proclamirten Grundsätze über Polizeiwillkühr und Rechtsschutz.

Wir aber, die wir an Recht aus Gott glauben, lassen wir dadurch, daß die Liberalen die Bestimmungen der Verfassungs-Urkunden so mißachten, uns nicht verleiten, nun auch unsererseits Recht und Rechtsform, wenn es uns einmal gelüsten sollte, für nichts zu achten, sondern halten wir, eidestreu, fest an unserer Pflicht: einzustehen für jedes gute Recht, auch für das unserer Gegner und für jede zu Recht bestehende schützende Rechtsform.

Aber weder D. Friedberg's Mahnung zur Mäßigung noch des „hochansehnlichen" Mitglieds „wissenschaftliche Schärfe und Ueberzeugungstreue" richteten etwas aus. Die blinden Leidenschaften der Jesuitenfeinde flammten nach D. Friedberg's Rede sofort wieder auf, und die drei Junitage hatten wesentlich denselben Inhalt wie die zwei Maitage. Die Freunde der Regierung wiesen in ihrem Jesuitenhasse den „schwächlichen" Regierungsentwurf verächtlich zurück. Treffend wies Herr August Reichensperger (Crefeld), Apellationsgerichts-Rath in Cöln, hin „auf die überwältigende physische und geistige Macht des Preußischen Staats, die nicht in ultramontanen Händen liege, auf die Armee, die Beamtenschaft, die Universitäten und die Leitung der Schulen, auf die unermüdlich Katholikenfeindliche Presse die in 40 bis 50,000 Exemplaren, — „bis in hohe Regionen hinauf," sagte er — „alles in den Koth ziehe, was wir Katholiken verehren. Nehmen Sie die Theater hinzu, in den angeblich aufgeklärten glaubenstreuen frommen Städten des Reichs, wo Klosterscandale, Nonnengeschichten und was man nur an Unrath zusammenkehren kann immerfort vor der großen Masse des Volks aufgeführt wird. Und doch meint man, zur physischen Gewalt greifen zu müssen um die Katholische Kirche niederzuhalten."

Weder D. Friedberg noch sonst jemand sagte auch nur Ein Wort zur Vertheidigung des Entwurfs. Von des Reichskanzlers Verheißung einer zarten und rücksichtsvollen Behandlung der Katholischen Kirche, von D. Friedberg's Protest gegen Identification der Jesuiten mit der Katholischen Kirche und Mahnung zur ruhigen Berathung, wurde keine Notiz genommen. Der Regierung wurde in harten Worten Schwäche und Unentschiedenheit vorgeworfen, — der Entwurf, hieß es, „lasse Pactiren mit den Jesuiten zu." Herr Wagener wüthete nicht bloß gegen die Jesuiten, sondern eben so stark gegen die Katholische Kirche. Herr Windthorst (Meppen) contrastirte diesen Ton mit dem ruhigen Tone D. Friedberg's und sagte, daß Herr Wagener „nach dem Inhalt seiner Rede zweifellos als Regierungscommissar geredet." Dem wurde nicht widersprochen.

Heftig wurde wiederum gedrungen auf Trennung der Ehe, der Schule und des Staats von der Kirche, und Herr Schulze (Berlin) vergriff sich sogar direct an der Evangelischen Landeskirche Preußens, — „für die Evangelische Staatskirche," sagte er, „mit dem Ober-Kirchenrath an der Spitze, der auch solch' ein klein Stückchen Unfehlbarkeit sich anmaaßt, — für diese Art Confessionalismus mögen die Herren (die Katholiken im Reichstage) Sympathie haben, weil er uns ungefähr in eine gleiche Lage herabdrückt wie die ist, in der sie sich gegenüber dem höchsten Pontifex in Rom befinden." Entweihung der Ehe, der Schule, des Staats, dreiste Schmähung der Evangelischen Kirche selbst — alles dieß hörten die „Protestantischen Jesuiten" im Reichstage schweigend an. Sie bekannten nicht, wo doch bekennen so nöthig war. Dieß ist vielleicht der schmerzlichste Inhalt dieser so schmerzlichen Verhandlungen. Die Römischen kräftig und munter bekennend ihren Glauben, tapfer und muthig vertheidigend ihre Kirche und deren Heiligthümer, und — auf der andern Seite die Evangelischen stumm und verleugnend — —

Anerkennend muß dem gegenüber das gewissenhafte Verhalten des nationalliberalen Führers, des Juden Lasker, erwähnt werden. Es muß ihm zugetraut werden, daß in ihm kein Funke lebt von Vorliebe für die Jesuiten, auch nicht für die Protestantischen Jesuiten und eben so wenig für die Katholische Kirche oder für Christenthum und Kirche überhaupt. Dennoch stimmt er gegen das Verfolgungsgesetz, weil er sich mit dessen Polizeiwillkühr und Versagung des Rechtsschutzes nicht befreunden kann, in einer langen Rede, welche hervorhebt daß er in einer kleinen Minderheit sich befindet. Dieser Muth ist um so ehrenwerther, da Lasker jetzt gewohnt ist Hand in Hand zu gehen als einflußreiches Partheihaupt mit der mächtigen Reichs- und Preußischen Regierung. Besonders beschämend aber ist dies Vorbild für die stummen Protestantischen Jesuiten.

D. Friedberg hat nach seiner Eingangsrede nur noch einmal das Wort ergriffen, nachdem er gleich zu Anfang der Verhandlungen um Erklärung ersucht worden war, was unter den „den Jesuiten verwandten Orden und Congregationen," die der Entwurf mit traf, zu verstehen sei. Er antwortete: „vor Allem die Redemtoristen oder Liguorianer und die Schulbrüder Ignorantins von la Salle." Sonst ließ er ohne eigene Theilnahme den wilden Debatten freien Lauf.

Der baierische Justizminister D. Fäustle machte als Bundesrath für Baiern einige in die Hauptsache nicht eingehende Bemerkungen über die Baierischen Reservatrechte und über die Redemtoristen in Baiern.

Dann trat am 19. Juni gegen Ende der Debatte, auf welche an demselben Tage der Schluß des Reichstags folgte, noch der Preußische Minister Delbrück auf und wies scharf und bestimmt Namens der verbündeten Regierungen die Identification des Jesuitenordens mit der Katholischen Kirche zurück.

Hierauf beschränkte sich die Theilnahme der Regierung an den Debatten.

Wäre diese Zurückweisung während der langen Verhandlungen von Seiten der Regierungsorgane nachdrücklich und in substantiirter Weise erklärt worden, so hätten die Verhandlungen und Beschlüsse eine wesentlich andere Wendung nehmen können, man kann beinah sagen: müssen. Denn gerade in dieser Identification lag die Energie des Angriffs der Jesuitenfeinde und der mit ihnen operirenden Presse. Nur dadurch wurden die gehässigen Leidenschaften in dem Grade wie geschehen entzündet. Der Haß gegen die Jesuiten als solche, deren Macht man so maaßlos übertrieb, würde schwerlich hingereicht haben, die Mehrheit so zu erhitzen. „Écrasez l'Infame," was im Reichstage wieder erklang, war vor hundert Jahren das Schlachtgeschrei nicht gegen die Jesuiten, sondern gegen die Kirche Gottes. Das Schweigen der Regierungs-Organe zu den wildesten Angriffen gegen die Katholische Kirche, namentlich gegenüber denen des Herrn Wagener, der der Spitze der Reichs-Regierung so nahe stand, nahm dem Proteste des Ministers Delbrück zum großen Theil seine Bedeutung.

Und wo bleiben die „verwandten Orden und ordensähnlichen Congregationen?" Der Ausdruck „ähnlich" ist so unbestimmt und dehnbar, so leicht sich darbietend jeder Polizeiwillkühr und jedem leidenschaftlichen Mißbrauche, daß selbst Protestantische Jesuiten sich nicht mehr sicher fühlen können, namentlich etwa Missions-, oder Wohlthätigkeits- oder Bet-Vereine u. s. w.

So ist mit 181 gegen 93 das Gesetz endlich votirt und unterm Datum Ems, den 4. Juli, publicirt worden.

Die Maiverhandlungen waren nur ein Vorspiel gewesen, bei dem die Regierung nicht gegenwärtig war. Die Juniverhandlungen beschränkten sich auf dritthalb Sitzungen unmittelbar vor dem Schluß des Reichstags. Die Regierung hatte einen Entwurf vorgelegt, der ohne ihren Widerspruch beseitigt wurde. Der

Reichstag improvisirte das nunmehrige Gesetz, in höchster Auf=
regung. Die Regierung blieb wesentlich theilnahmslos. So rasch
und so leicht, so tumultuarisch ist dieses Gesetz zu Stande gekommen,
das die tiefsten Tiefen des Reichs afficirt.

Ausgeschlossen vom Reich ist also nun der Jesuitenorden
und die ihm verwandten Orden und Congregationen.
Deren einzelne Angehörige können, wenn sie Ausländer, aus=
gewiesen, wenn Inländer, ein Aufenthalt ihnen versagt oder an=
gewiesen werden in bestimmten Bezirken oder Orten. Die
Jesuiten, die, wie Herr Windthorst (Meppen) mittheilte, beim
Sieges=Einzuge am 16. Juni 1871 mitten unter den Garden
einritten in Berlin geschmückt mit dem Eisernen Kreuze, sie können
nun aus jeder und in jede Stadt oder Dorf aus= und einbezirkt
werden nach dem Befinden einer Polizeibehörde, und derselben
aus= und einbezirkenden Willkühr unterliegt das königliche
Hohenzollernblut, der Enkel der Enkelin König Friedrich
Wilhelms des Ersten,*) dessen Enkels=Enkel Kaiser Wilhelm ist.
Er muß weichen aus dem Hotel, welches sein Herr Vater bewohnt
in Berlin, Wand an Wand mit der Amtswohnung des Reichs=
kanzlers, sobald es endgültig der Polizei beliebt.

Einige lehrreiche Aeußerungen des D. Gneist, die in diesen
Jesuitendebatten vorkamen, aber von allgemeinerem Interesse
sind, mögen hier noch erwähnt werden. Er machte mit Recht
geltend, daß die wichtigen und schwierigen Verhältnisse zwischen
Kirche und Staat eine wohl überlegte solide Gesetzgebung erfordern
und nicht in wenigen zwei= und mehrdeutigen Worten kurz abge=
macht werden sollten. Als abschreckendes Beispiel führt er aus
dem Artikel 15 der Preußischen Verfassungs=Urkunde die Worte
an: „Jede Religionsgesellschaft ordnet und verwaltet ihre An=
gelegenheiten selbstständig," und behauptet, die Worte „ordnen, ver=
walten, eigne Angelegenheiten, und selbstständig" seien die „vieldeu=

---

*) Siehe pag. 180 des Gothaischen Genealogischen Taschenbuchs von 1872.

tigsten und juristisch unbegrenzbarsten, die wir vielleicht in der Sprache haben." „Indem man," sagte er, „Sätze annimmt, welche die politische Leidenschaft und der Dilettantismus in solcher Zeit" (1848, Geburtsjahr der Verfassungs-Urkunde —) „erfindet, enthält ihre Summe einen juristischen Widersinn wegen der zehn- und zwanzigfachen Deutung jeden Worts und der hundertfachen Deutung des Ganzen." So tadelt er auch die Phrase: „Trennung von Kirche und Staat;" — mit einem so verworrenen, oberflächlichen, dürftigen Ausdruck" will er „verschont" sein; — ebenso: die freie Kirche im freien Staate." In der Berathung endlich über das Schul-Inspections-Gesetz im Abgeordnetenhause nennt D. Gneist den Abschnitt der Preußischen Verfassungs-Urkunde über das Schulwesen, §§. 20 bis 26, „ein äußerst schwaches, vieldeutiges, lückenhaftes, unklares, dürftiges Bild eines Verwaltungsrechts, nach dem sich eine bestimmte wirkliche Schule nicht einrichten läßt." (Der erste dieser Paragraphen, der §. 20, welcher lautet: „Die Wissenschaft und ihre Lehre ist frei" trägt den Preis dieser leidenschaftlichen und dilettantischen Phrasenhaftigkeit davon und kann als Muster gelten wie Gesetze n i ch t abgefaßt werden sollten.)

Es ist erfreulich, einen so liberalen Mann wie D. Gneist so solide und nöthige Wahrheiten aussprechen zu hören. Man darf hoffen, daß Staatsmänner und Parlamente sie beherzigen und mehr als bisher sich hüten werden in der tief-ernsten Arbeit der Gesetzgebung in „leidenschaftlichen Dilettantismus" und in den Stil von Klub-Reden zu verfallen.

Aber eine wichtige Erwägung ist doch noch erforderlich, um die Gedanken des D. Gneist vor Mißverstand zu bewahren. Wenn ein publicirtes Gesetz in dem von ihm mit so gutem Grunde getadelten Stil einmal ergangen ist, so ist und bleibt es doch ein wirkliches verbindliches Gesetz, so fern es Gebote oder Verbote enthält und nicht ein bloßer Monolog ohne legislativen Inhalt ist, indem es, zum Beispiel eine bloße Nachricht, oder einen bloßen Vorsatz, eine Verheißung oder Androhung künftiger Gesetze ausspricht. Der wahre legislative Inhalt im Gegensatz zum bloßen Monolog hat dann Gesetzkraft und muß gefunden und befolgt werden, auch wenn die phrasenhafte Fassung das Finden erschwert.

So liegt in dem Artikel 15 die legislative Versicherung mindestens des Besitzstandes und bestehenden Rechts beider Kirchen und das Verbot willkührlicher Eingriffe in diesen Besitzstand und in dieses Recht, also das Verbot solcher Eingriffe, die bis dahin mannigfach vorgekommen waren — z. B. in weitem Umfange in der Evangelischen Kirche in dem willkührlichen Unionstreiben, und in der Katholischen Kirche in der willkührlichen Begünstigung der gemischten Ehen — beide Eingriffe in den 1830er Jahren und beide sich steigernd bis zu wirklichen, und zwar recht harten, Religionsverfolgungen. Es haben daher auch der heutigen Verfolgung der Orden gegenüber die Katholiken mit vollem Recht auf den Artikel 15 sich berufen, welcher nach seinem klaren Wortsinn „den Besitz ihrer Kultus= und Unterrichts=Anstalten" wie er 1847 war, also auch der jetzt verfolgten Orden, ihnen zusichert.

Es ist jedoch sehr zu bedauern, daß D. Gneist, seinen eigenen lehrreichen Rechtsausführungen zuwider, für und nicht vielmehr denselben gemäß gegen das Jesuiten= und das Schulaufsichtsgesetz gestimmt hat. Diese Gesetze tragen in ihrer Entstehung und besonders das Jesuitengesetz in seiner so ganz ungewöhnlich= schwankenden Wortfassung, die Spuren leidenschaftlicher Erregung und die von ihm gerügten formellen Mängel an sich wie kaum irgend andere Gesetze.

Im Laufe der Jesuiten=Verhandlungen im Reichstage ist eines Vorgangs aus dem Jahre 1853 — und zwar nicht ganz correct — Erwähnung geschehen, der einerseits die Jesuiten, andererseits aber den Verfasser dieser Schrift persönlich betrifft und den er daher hier zu berühren sich erlaubt. Die Preußischen Minister des Innern und des Cultus hatten damals gewisse Weisungen an die Provinzialbehörden erlassen, welche die Katholischen Missionen — wohl hauptsächlich die der Jesuiten — besonders in rein Protestantischen Gegenden einigermaaßen polizeilich beschränkten und die Controlle des Studiums der künftigen inländischen Priester im collegium germanicum in Rom, einer Jesuitenanstalt, reguliren sollten. Die Einführung dieser Controlle des Studiums bei den Jesuiten hatte Ende der 1820er oder Anfang der 1830er Jahre der damalige Erzbischof von Cöln gegen den Widerspruch des Preußischen Ministeriums durchgesetzt. Sie sollte nun von den Provinzial- auf die Centralbehörden übergehen, sonst blieb sie unverändert. Diese Ministerial-Erlasse veranlaßten einen Antrag angesehener und zahlreicher Katholiken an die damalige Zweite Kammer: Seine Majestät den König zu bitten dieselben aufzuheben. Im Lande regten sich confessionelle Leidenschaften. Der Verfasser der gegenwärtigen Schrift wurde Referent in der Kammer. Er war von der Gerechtigkeit und dem Wohlwollen der Regierung gegen die Katholische Kirche aus eigener persönlicher Wissenschaft völlig überzeugt, und nahm an, daß in den Erlassen, besonders nach den Erläuterungen, welche die Minister nachträglich gegeben hatten, eine Verletzung der Katholischen Kirche nicht liege. Er wollte daher verhindern, daß ein Tadel der Regierung beschlossen würde, andererseits aber auch dahin wirken, daß den zu seiner Ueberzeugung nachgewiesenen Verdiensten der Jesuiten volle Gerechtigkeit widerführe.

Um — in ersterer Beziehung — zu zeigen, wie zarte Aufgaben die Jesuiten der Preußischen Regierung stellen, theilte er eine Erklärung mit, welche am 24. August 1848 in der Reichsversammlung in Frankfurt von sämmtlichen Katholiken, inclusive der Geistlichen, unter denen, so viel bekannt, auch Bischöfe, abgegeben worden war. Sie lautete am Schlusse: daß „wenn jetzt" — nicht, wie der Zusammenhang ergibt, „jetzt" im Gegensatz zu etwa „künftig" — sondern jetzt im Gegensatz zu den Bedürfnissen früherer Zeiten — „wenn jetzt uns von irgend einer Seite der Antrag entgegen träte, in irgend einem Deutschen Lande den Jesuiten-Orden einzuführen, wir aus höherem Interesse der Katholischen Kirche gegen die Ausführung eines solchen Plans mit Entschiedenheit uns aussprechen würden."

Andererseits, für die Jesuiten, hatte der Referent Material gesammelt. „Es ist mir möglich gewesen," so sagte er in dem von ihm verfaßten Commissionsberichte, über die Thätigkeiten der Jesuiten und ihre Missionen die amtlichen Berichte aus der Rheinprovinz, namentlich die von Landräthen erstatteten, einzusehen. Sie sind, so viel ich weiß, ausschließlich von Protestanten, gewiß größtentheils von Protestanten erstattet, und ich zweifle nicht, daß die Berichte über die Thätigkeit der Jesuiten-Missionen in Schlesien, die mir nicht zugänglich gewesen sind, im Wesentlichen damit übereinstimmen. Hören Sie den wörtlichen Inhalt, welchen ich dahin zusammengestellt habe: „Von Proselytenmacherei oder Erregung konfessionellen Unfriedens haben sich die Jesuiten vollkommen freigehalten. Von protestantischer Seite ist daher ihrer Wirksamkeit vielfache Anerkennung zu Theil geworden. Nur die Demokratie grollt, weil die Jesuiten überall als Sendboten des Grundsatzes der Autorität, in kirchlichen wie in staatlichen Dingen, auftreten und die sozialistischen Trugbilder, mit welchen die Demokratie auf die Massen speculirt, entlarven und schonungslos bekämpfen. Sie werden von den Anhängern der Demokratie als bestochene Agenten der Regierung bezeichnet und mit Schmähschriften bedroht. Indifferentisten, welche seit 20 Jahren kein Gotteshaus besucht hatten, mußten beschämt gestehen, daß ihnen hier, überzeugend und überzeugt, eine Glaubenskraft von solcher Tiefe und Gewalt entgegengetreten sei, wie sie deren Möglichkeit in dieser Zeit kaum geahnt hätten. Auch wissen die Landräthe, übereinstimmend, nicht genug zu rühmen, wie wohlthätig sich der practische Erfolg ihrer Missionen gestaltet habe, nicht bloß sichtbar hervortretend auf dem Gebiet äußerer Sittlichkeit und Loyalität in Vermeidung des Schleichhandels, der Polizeivergehen, des Branntweintrinkens, der nächtlichen Tanzlustbarkeiten und dergleichen, sondern noch mehr nach Innen in der Erweckung christlicher Zucht und Liebe zwischen Ehegatten, Eltern und Kindern, Herrschaft und Gesinde, und in den Verhältnissen des Hauses, der Familie und der Gemeinde. Diese Berichte über einen so durchaus kirchlichen, geistlichen Gegenstand tragen allerdings ein gewisses trockenes, officielles Gepräge, wie es nicht anders sein kann, an sich, lassen aber doch ahnen, welche Wunder der Gnade unter diesen äußeren Erfolgen verborgen sind. Ich weiß nicht, meine Herren, wenn Sie dies hören, ob Sie das Gefühl haben daß wir reich genug sind um dergleichen Einflüsse entbehren zu können. Ich weiß nicht, ob Sie unser armes Volk im Besitz eines so großen Schatzes von Zucht und Sittlichkeit wissen, ich meine nicht bloß die niederen, sondern auch die höheren Stände. Ich weiß nicht, ob Sie das Bewußtsein haben, daß wir einen solchen Segen, wie er hier geschildert wird, von uns weisen dürfen. Wenn ich auf unser in Sünde und in Unglauben versinkendes Vaterland sehe, so fühle ich mich nicht reich, sondern arm; arm, wenn ich auf dieses Haus, am meisten arm, wenn ich auf mich selbst sehe."

Die Verhandlung dauerte in sehr erregter Weise neun volle Stunden. Auch der Cultusminister von Raumer nahm das Wort, und schloß seine Rede mit folgenden Friedensworten: „Wir werden über vieles nicht einig werden; aber über Eins, meine Herren, lassen Sie uns einig werden. Die Debatte wird hier und außerhalb des Hauses fortgehen, lassen Sie uns den Streit nicht vermeiden. Aber lassen Sie uns streiten als Brüder, als Christen, die wir Alle getauft sind" — es waren damals keine Juden im Hause — „auf den Namen des dreieinigen Gottes, die wir alle erlöst sind durch das unschuldig vergossene Blut unseres Herrn und Heilandes Jesu Christi, die wir alle dereinst für unsere Thaten, wie für unsere Worte — auch für die, die wir in dieser Angelegenheit sprechen — Rechenschaft abzulegen haben, wenn Er kommen wird zu richten die Lebendigen und die Todten." —
Das Ende war: einfache Tagesordnung. Hat je ein Preußischer

Minister so gesprochen — seit einem Jahrhundert vor 1853 — in einer Preußischen Landesversammlung? Und — von 1853 bis 1872 — Rückschritt oder Fortschritt?

Die Vergleichung beider Jahre macht einen wehmüthigen Eindruck. Damals die Regierung ein gut Bekenntniß ablegend ihres christlichen Glaubens, — gerecht und wohlwollend der Katholischen Kirche entgegenkommend, — Friede suchend und Friede stiftend, — und nun — —

Auf Veranlassung der oben berührten Wollmann-Ermländischen Sache ist noch ein Streit entstanden und fortgesetzt worden, auch nachdem die Wollmann'sche Angelegenheit erledigt war durch das Nachgeben der Preußischen Regierung — über die Frage ob Katholische Geistliche, besonders ob die Bischöfe sich berufen dürfen in ihren amtlichen Handlungen auf den Gehorsam, den sie den Geboten ihrer Kirche schuldig sind, oder ob sie schlechthin dem Staats-Gesetze unterliegen, so daß, wie man diese zweite Alternative auch ausgedrückt hat, „alles Recht ausgeht vom souveränen Staate."

Zunächst muß daran erinnert werden, wie unweise es ist wenn Staatsmänner als solche Fragen dieser Art in abstracto verhandeln, zur Entscheidung treiben, und für ihre Auffassung derselben, ohne daß ein concreter Fall zur Entscheidung vorliegt, mit der Wucht ihres Amtsansehens eintreten. Sie begeben sich damit auf fremde Gebiete, auf die Gebiete der Theologie und der Rechtswissenschaft, wo das Amtsansehen nichts entscheidet und wo sie daher schwere Niederlagen riskiren.

Diese Frage jedoch hat überdies das Preußische Landrecht schon entschieden, welches nicht klerikal sondern kirchenfeindlich ist, und zwar für Katholische Geistliche nicht bloß, sondern auch für Protestantische, indem es § 66 Titel 11 Theil II darauf hinweist, daß die Amtspflichten und Amtsrechte der ersteren durch das ca=

nonische Recht, die der letzteren aber durch die Consistorial- und Kirchen-Ordnungen bestimmt sind, was freilich, auch wenn es nicht im Landrechte stände, sich von selbst verstehen würde.

Der Satz, daß alles Recht vom Staate ausgehe — und nicht von der Kirche, welches Gottes Offenbarungen und Gebote uns überliefert und verbürgt — führt uns in das krasseste Heidenthum und dessen unerträgliche Tyrannei zurück. Um solche Tyrannei aufrecht zu halten, darum wurden unter den heidnischen Römischen Kaisern die Christen, die den Kaisern nicht opfern oder räuchern wollten, zu Tode gemartert. Die heidnischen Verfolger der Christen fragten wohl meist sehr wenig nach ihren Kaisern, oft wahren Scheusalen, die immer wieder in raschem Wechsel abgesetzt und getödtet wurden von ihren heidnischen Unterthanen. Noch weniger glaubten sie an deren Gottheit, welche die Kaiser aus den Händen des Senats empfingen. Auch ihre lüderlichen Götter imponirten ihnen, zur Kaiserzeit wenigstens, in sehr geringem Grade. Aber daran lag ihnen in hohem Grade, den Satz: „alles Recht geht vom Staate aus," unumschränkte Menschen-Herrschaft, „Omnipotenz des Staats" festzustellen. Denn praktisch war der Staat — Rom — ihr Gott. Sie hatten eine Ahnung von der Macht der Freiheitsprincipien, welche das Christenthum in die Welt gebracht hatte und welche die heidnischen Tyrannen und ihre Sclaven überwinden sollte und nach einigen Jahrhunderten voll Christenblut endlich auch wirklich überwunden hat auf den Wegen der Leidensfähigkeit und Leidenswilligkeit. Gottes heilige Gebote, wie sie gelehrt und in die Herzen geschrieben sind vom Herrn und seinen Aposteln und von der christlichen Kirche, haben die Throne und Dynastien erst befestigt eben dadurch, daß sie die abscheuliche Staatsallmacht beseitigten und mit der Freiheit in und durch Gott auch politische Freiheit begründeten, Freiheit und Rechtssicherheit in dem Maaße wie wir sie nun über ein Jahrtausend und noch heute, — auch 1872 noch — genießen mitten unter vielen Ungerechtigkeiten. Staats-Omnipotenz dagegen, nackte souveräne

Menschenherrschaft, droht uns zurückzuwerfen in jene gräßliche Sclaverei, und daß diese Sclaverei nicht gemildert sondern gesteigert wird, wenn die Omnipotenz nicht von Kaisern und Königen ausgeübt wird, sondern von der wilden Menge, das hat im vorigen Jahre die Pariser Commune bewiesen durch Mord und Brand.

Man hat den Römischkatholischen Geistlichen reservatio mentalis in ihren Unterthanen= und Huldigungs=Eiden vorgeworfen, und nicht ganz mit Unrecht. Denn eine Reservation enthält jeder Eid, nur nicht eine blos "mentale", denn die Reservation ist deutlich enthalten in dem Eide selbst, der seinem Wesen nach Gott anruft, mithin Gottes heilige Gebote reservirt und Gottes Omnipotenz anerkennt und anruft, den Staat aber ihr unterordnet. Ohne diesen Vorbehalt wäre der Eid kein Eid mehr.

In demselben Sinne hat König Wilhelm in Königsberg seine Krone vom Altar genommen. Er hätte sie, wäre er Bekenner der Staats=Omnipotenz, etwa aus den Händen der Präsidenten des Herren= und des Abgeordnetenhauses nehmen müssen, oder aus den Händen des Erwählten eines Plebiscits ad hoc — — vor welcher schauderhaften Ceremonie Gott in Gnaden uns bewahren wolle.

Dasselbe, was vom Bischof des Ermelandes, gilt von dem **Feldpropst**. In seinen geistlichen Amtsverrichtungen — wie der obige § des Preußischen Landrechts sich ausdrückt —, also in der Anordnung des Katholischen Gottesdienstes — ob der Ort desselben zulässig oder nicht — ist der Papst sein Vorgesetzter. Denn beide, der Bischof Krementz und der Feldprobst sind **Römisch= Katholische Bischöfe**, und auch der Feldprobst kein bloßes Zubehör der Armee, so wie auch ein Evangelischer **Hofprediger** ein Geistlicher der Evangelischen Kirche ist und kein bloßer Hofdiener oder Zubehör des Hofes. Als Unterthanen des Kaisers aber sind alle diese ihm Unterthanentreue und Gehorsam schuldig innerhalb der Grenzen, welche ihr geistliches Amt ihnen zieht, wie andere Unterthanen.

Die Jesuiten sind nun theils ausgetrieben aus dem Reiche, theils beschränkt im Reiche. Auch die priesterlichen Amtshandlungen, die auf den Orden keinen Bezug haben: Messe-lesen, Beichte-hören, Predigten u. s. w. verwehrt man ihnen. Das Gesetz vom 4. Juli sagt davon nichts, auch nicht andeutungsweise. Man könnte mit gleichem Rechte ihnen auch alles Lehren — schriftliches und mündliches — verbieten, alle Tröstungen und Ermahnungen an Kranke oder sonst rathbedürftige, alle briefliche Correspondenz oder Unterredungen christlichen Inhalts u. s. w. Daneben werden ungeachtet aller großartigen Unterrichtsfreiheit, welche die Preußische Verfassungs-Urkunde in Aussicht stellt, die Schulschwestern aus den Schulen weggeschafft im Verwaltungswege. Die Bezeichnungen „verwandt" und „ordensähnlich" sind so weitschichtig, daß sie nicht bloß leicht, wenn die Polizei will, jeden Schulbruder und jede Schulschwester treffen können, der getroffen werden soll, sondern, auch jeden „protestantischen Jesuiten."

Fragen wir nun: was hat die Katholische Kirche verloren oder das Reich gewonnen durch die Action der Reichs- und der Preußischen Regierung seit dem Juni 1871?

Verständige Katholiken — die keine Jesuiten sind — legen aus ihrer Erfahrung hohen Werth auf die priesterlichen Leistungen in Gottesdienst, Predigt und Beichte, und besonders auf die Missionen und Exercitien der Jesuiten, und wissen viel zu erzählen aus eigenen und fremden Anschauungen von dem großen Segen, den sie im Reiche gestiftet haben, womit die oben erwähnten Berichte der Preußischen Behörden von 1853 übereinstimmen. Die in den Reichstags-Verhandlungen im Mai so verächtlich bei Seite geschobenen Petitionen fließen über von glaubhaften Bestätigungen dieses Segens, der nun dem Reiche verloren geht, aber fremden Ländern zu Gute kommt.

Eben so fühlbar, vielleicht noch fühlbarer, werden die Schulen und so viele Gemeinen des Reichs durch die Entfernung der

Schulschwestern betroffen, besonders wenn man aus den antikatholischen Reden der ministeriellen Reichstagsmehrheit Schlüsse zieht auf den Unterricht und die Religion, die nun einziehen wird in viele dieser Schulen. Besonders neu und eigenthümlich dürfte dieser Unterricht und diese Religion ausfallen, wenn der Staat — dem das neue Gesetz die Schul-Aufsicht ausschließlich zueignet — erst selbst völlig religionslos geworden wäre. Dann würden die Schulen nicht religionslos, sondern antichristlich werden. Auch pecuniär werden jetzt schon die Schulen und Gemeinen hart beschädigt, — zum Theil, wie es scheint, hinaus über ihre Leistungsfähigkeit, — und das mitten in dem Mangel an Lehr-Kräften der in weiten Kreisen hervortritt. Dem Vernehmen nach haben diese Schulschwestern durch ihre guten Leistungen bei sehr geringem Lohn allgemeine Liebe und Achtung, auch bei Männern des Fachs, sich erworben. Etwas nachtheiliges scheint gegen sie nicht einmal behauptet zu werden.

Hiernach sind allerdings die Katholischen Reichs-Unterthanen erheblich verletzt und in sofern auch die Katholische Kirche und selbst die Evangelische Kirche als solche, vermöge der Einheit und Solidarität der gesammten Kirche Gottes, mithin auch das Reich selbst, und zwar alles dies in um so bedeutenderem Umfange je mehr als zerstörendes Element die fortschreitende freche Zügellosigkeit auf so vielen Gebieten des Lebens um sich greifend hervortritt, so daß gewiß Verstärkung, nicht aber Schwächung der schon ungenügenden heilenden Kräfte Bedürfniß ist.

So wird auch die Einziehung der Feld-Pröpste, wenn sie eintreten sollte, die Katholischen Militärs und in sofern die Preußische Armee treffen, für welche die wohlwollende Fürsorge Seiner Majestät des Königs diese Stiftung gemacht hat.

Sieht man aber ab von diesen unmittelbaren Schäden des Reichs und der Katholiken im Reich, und betrachtet man die gesammte Katholische Kirche als große einheitlich organisirte Macht, so ist es wohl nicht zweifelhaft, daß diese Macht als solche durch die gegen sie gerichtete Gesammt=Action der Reichs= und Preußischen Regierung wesentlich gestärkt worden ist. In dieser Stärkung sollten auch Evangelische Christen Trost finden in dieser dunkeln Zeit, indem sie geistliche Sachen geistlich richten. Geistliche Mächte, wenn sie in sich Bestand haben, wachsen durch die Verfolgung. Die Katholische Kirche als Macht ist jetzt eifriger, compacter, einiger in sich, selbst=vertrauender, leistungsfähiger, thatkräftiger, streitbarer (— vielleicht schon zu streitbar —) und besser organisirt, als sie noch im ersten Halbjahr 1871 war. Römische Katholiken rühmen, daß ihre Kirche auch in ihrem göttlichem Inhalte innerlich aufblühe und zunehme — im Glauben, in opferwilliger Liebe, im Gebetsleben, in geistlicher Innigkeit des Gottesdienstes, in allen christlichen Tugenden, und, je mehr dieser Ruhm sich bewährt in der That und in der Wahrheit, desto mehr soll jeder Evangelische Christ, eben weil er Evangelisch ist, an solchem Segen Theil nehmen mit Freude und Dank. Denn — sagt der heilige Paulus 1. Cor. 12 — „wenn Ein Glied wird herrlich gehalten ($\delta o \xi a \zeta \epsilon \tau a \iota$), so freuen sich alle Glieder mit." Zugleich muß die Macht der Orden, als solcher, insbesondere die der Jesuiten, in paralleler Weise größer geworden sein. Um den bedrängten Freund sammeln sich schützend, helfend, rathend, hoffend und liebend alle Freunde.

Dem allen steht aber leider das Zerbröckeln des deutschen Protestantismus gegenüber, namentlich seine tief=gründliche Uneinigkeit in seinen allerwesentlichsten Lehren, und sein wankendes Kirchenwesen, welches außer Stande ist den Zerfall aufzuhalten und für welches Freund und Feind keinen anderen Rath weiß als — zuchtlose Synoden. Denn aus von unten gewählten ungläubigen und zuchtlosen Majoritäten kann Glaubenszucht nicht hervorgehen. Das Verhalten des Evangelischen Ober=Kirchenraths zu Prediger Lisco und dem Protestanten=Vereine kann schwerlich anders denn als Einleitung der Uebergabe der letzten und Hauptfestung, — des apostolischen Symbols, — betrachtet werden.

Das wahre Mittel, ein einigermaaßen Evangelisches Kirchen-Regiment herzustellen, wäre Rückkehr zu den tiefen Grund-legenden Gedanken der Reformation, welche auch heute noch die Basis und den Rechtstitel der bestehenden Evangelischen Kirchenverfassungen in Deutschland bilden, — daß nämlich, in Ermangelung der Bischöfe, in das Kirchenregiment die Evangelische Obrigkeit einzutreten habe, nicht als Oberhaupt des abstracten „Staats" sondern als das Amt des göttlichen Gesetzes, des „Zuchtmeisters auf Christum." Dieses Amt und dessen treue Ausübung, die als heilige Pflicht haftet auf dem Besitz des Evangelischen Kirchenguts und noch mehr auf dem Besitz des Evangelischen Kirchen-Regiments, sollte jetzt den Evanglischen Obrigkeiten immer wieder in das Gewissen geschoben und eingeschärft werden.*) Allerdings setzt dieser Weg, um den rechten Erfolg zu haben, das treue Bekenntniß der Obrigkeit selbst und ihrer Organe für Kirchensachen, zur Kirche und ihrer Lehre voraus.

Uebrigens lehrt die Natur der Sache und die Kirchengeschichte, daß das obrigkeitliche Kirchenregiment eben so verträglich ist mit synodalen Freiheiten, wie die weltliche Monarchie mit ständischen Freiheiten. Solche Freiheiten sind, wohlgeordnet, eine treffliche Stärkung der Obrigkeit.

Zum Schluß noch ein Blick auf das Reich im Ganzen nach der Action gegen Jesuiten und Schulschwestern.

Das Reich ist hervorgegangen aus strahlenden Siegen. Und doch ist Deutschland seit mehr als zweihundert Jahren nicht so zerrissen gewesen als jetzt.

Man gibt den Deutschen Katholiken Schuld, daß sie hinüberschielen nach Frankreich — wir dürfen hoffen: mit Unrecht.

---

*) Der Verfasser hat hierüber ausführlich sich ausgesprochen in einem in Gnadau gehaltenen Vortrage über „das obrigkeitliche Kirchen-Regiment," — besonders abgedruckt aus der Evangelischen Kirchenzeitung (Verlag von Trowitzsch und Sohn).

Keine Spur davon hat sich im Kriege gezeigt. Was wäre wohl verlockendes für die Deutschen Katholiken in der republikanischen oder in der orleanistischen oder in der bonapartistischen Periode Frankreichs — und diese Perioden umfassen den bei weitem größten Theil der Französischen Geschichte seit mehr als achtzig Jahren — bis hinab auf Thiers und die heutigen kläglichen Zustände! Der Verfasser dieser Schrift hat im Umgange mit vielen Deutschen Katholiken während seines langen Lebens niemals einen Anklang dahin auch nur bei Einem von ihnen gefunden. Vielmehr sind es die Nationalliberalen, welche jetzt Stück für Stück Deutsches Wesen, als feudal, abthun, (— denn Deutschland ist in seinem Grundbau feudal, vorzüglich seine Fürsten- und Königshäuser —) und Franzosenthum an die Stelle setzen, von den Maaßen und Gewichten und deren barbarischen Namen an bis zur Entweihung der Ehe und des Staats, und vom allgemeinen Stimmrecht an bis zur Kreisordnung.

Wahr aber ist es, daß, als nach 1866 die Annexions-Politik Süddeutschland bedrohte, daselbst die Frage sich aufdrängte, aber nicht bloß den Katholiken sondern eben so den Protestanten Süd-Deutschlands: von Preußen verschlungen oder von Frankreich gerettet? Wer aber veranlaßte diese Frage als eben die Annexions-Politik? Wahr ist es auch, daß für den Fall eines neuen Krieges die heutige Reichs-Kirchen-Politik das Reich mit schweren Gefahren bedroht. Ein Drittheil der Reichsunterthanen verletzt in ihren theuersten Interessen und Gefühlen — das ist kein günstiges Terrän für einen Deutschen Krieg, und mitten im Kampfe ist es schwer eine sich darbietende Allianz abzuweisen. Als die Deutschen Protestanten bedroht waren in ihrer Religion haben sie zweimal Französische Hülfe gesucht und gefunden, 1552 unter Churfürst Moritz von Sachsen und 1634 bis 1648 Hand in Hand mit Schweden, beidemal gegen den Kaiser. Das erstemal gingen Metz, Toul und Verdun verloren, das zweitemal der Elsaß, beidemal an Frankreich als Lohn Französischer Hülfe. Wer heut zu Tage Deutschland spaltet um der Religion willen, der wird auch nach dieser Seite hin eine schwere Verantwortung zu tragen haben.

Und wenn nun zum auswärtigen Kriege im Deutschen Reiche innere Zustände wie die von 1848—49 hinzuträten — —

Doch betrachten wir weiter die schon heute vorhandene innere Zerrissenheit von Deutschland.

Ein Viertel definitiv abgerissen — rechtmäßige Fürstenhäuser, unter ihnen des Kaisers rechte Vettern, ihres Besitzes entsetzt ohne Friedensschluß und ohne Sühne — die blutende Treue im Verdacht der Untreue — das Reichs-Parlament begründet auf die Kopfzahl, die selbst unorganisch, alles organische immer wieder neu desorganisirt — politischer Partheihader, in welchem, formell voll- und gleichberechtigt und weit verbreitet, mächtige Partheien auftreten, die rücksichtslos alles Recht und alle Religion anfeinden vom Privat-Eigenthum an bis zum lebendigen Gott — das Christenthum frech verleugnet von getauften Tausenden und bedroht in Ehe, Schule, Staat und Kirche — die Obrigkeiten der Neutralität in Religionssachen sich befleißigend, und befördernd eine immer weiter fressende auflösende und religionslose „Neugestaltung," die immer entschiedener auf die Wege Frankreichs tritt und Frankreichs Zielen uns entgegen führt, wie das Jahr 1871 sie uns angedeutet hat, im Innern eine auflösende und aufwühlende Gesetzgebung, — — dieß alles schon seit Jahren, aber nun seit Einem Jahre von Reichs wegen eine Verfolgung der Katholischen Orden, die practisch übergeht in eine Verfolgung der Katholischen Kirche — das Oberhaupt der Katholischen Kirche noch immer im Stich gelassen und blokirt in seiner Residenz durch einen revolutionären Usurpator — daher erbitterter Religionsstreit, wie in Deutschland kein Lebender ihn je gesehen oder auch nur als möglich noch vor zwei Jahren geahnt hat, und dieser Streit sich ergießend in eine zügellose Presse, die täglich mit feindseligen Leidenschaften und mit schamloser Gottlosigkeit jeden Winkel des Reiches erfüllt, endlich die Evangelische Kirche gründlich in sich zerrüttet und machtlos über ihre eigenen Glieder — —

Aber — sollen wir verzagen? — Nein, hoffen wir wider Hoffnung! Trauen wir auf unsern Gott, der Wunder thut! Und seien wir gewiß: Fallen im tapferen Streit in Seiner Sache ist unverdiente Ehre und reicher Lohn. Nach der Zeit kommt die Einigkeit.

Doch welches sind nun die nächsten Schritte? Die Antwort hierauf sei das letzte Wort dieser Schrift:

Bekennen mit allen christlichen Reichsunterthanen den gemeinsamen Glauben der gesammten Kirche Gottes — glauben, was wir bekennen lebendig, thatkräftig und gemeinsam — handeln aus diesem Glauben als Glieder hangend an dem Einen Haupte, gemeinsam wirkend, gemeinsam hoffend — und **nicht verzagen am Reiche!**

Geschrieben im September 1872.

Berichtigung.

Seite 10, Zeile 15 von unten lies: „desto realer **in dieser Welt**", statt: von dieser Welt.

Druck von G. Bernstein in Berlin.